T式カップル言語連想法

治療的会話の継続と展開のツールとして

十島雍蔵 著 Toshima Yasuzo

T-CWA
T-Couple Word Association

ナカニシヤ出版

「行く川の流れは絶えずして　しかももとの水に非ず
　淀みに浮かぶうたかたは　かつ消えかつ結びて
　久しくとどまりたる例なし」
　　　　　　　　　　　　　　　鴨長明　『方丈記』

「もしも言葉に沈黙の背景がなければ　言葉は深さを
　失ってしまうであろう」
　　　　　　　　　　　　　ピカート, M.　『沈黙の世界』

「彼一語　我一語　秋深みかも」
　　　　　　　　　　高浜虚子

はじめに

　連合主義心理学によれば，精神活動は〈連想〉を基盤としている。精神の基本的単位は〈観念〉であり，精神過程はこの観念の去来である連想の流れとみなされる。〈連想〉という心理学的概念は連合主義心理学の根本原理と考えられていたのである[50]。残念ながら，連合主義心理学自体は，前世紀の初期のゲシュタルト心理学による痛烈な批判以来，今日では省みられることがなくなった。だが，精神活動の基礎としての〈連想〉の働きには，基礎的研究にしろ臨床的応用にしろ，殊に本著のテーマである心的過程のオートポイエーシスの観点からも，もっと注目されてしかるべきだと思う。

　連想それ自体は連合法則にもとづく観念と観念の結合という知的過程である。しかし，精神過程は本来知的側面と情意的側面とを不可分に合わせもっているので，連想には知的過程に表裏して情意過程が随伴している。これを言語連想は言語を媒体として表現する。

　言語連想は一種の自己告白であり，そこに自己の経験や人格が投影されていると考えられる[30]。それゆえ，連想実験が思考や記憶等の知的過程の重要な研究手段となっているばかりでなく，連想検査が抑圧された情意的過程を理解するための投影法の一種として古くより利用されてきたのである。

　Ｔ式カップル言語連想法を創案するにあたって１つの契機を与えてくれたのは，東北学派の長谷川啓三が編集した『臨床の語用論①──行為の方向を決めるもの』（現代のエスプリ454）への投稿依頼であった。筆者に与えられたテーマは「オートポイエーシス理論とは何か」であった。オートポイエーシス理論はきわめて難解なので，このテーマについて一般的に論評する力量は筆者にはない。ただできることといえば，システム療法に従事している心理臨床家の一人として，自分の手に負える範囲に単純化して調理してみると，どのようなセラピーの姿になるかを素描するぐらいのことである。

　システム療法の視点からオートポイエーシス理論を分かりやすく説明するために，簡単な思考実験を試みる必要があった。その手立てとして何かよい具体的な理論モデルはないかと模索する過程で思いついたのが，実は他ならぬこの

カップル言語連想（CWA：Couple Word Association）だったのである[55]。心理臨床の場におけるクライエントとセラピストの二者間で交わされる複雑な治療的会話の流れを極端に単純化して，単語で交わされる言語連想の流れに置き換え，それをモデルとしてオートポイエーシスを説明しようと試みたのである。

　その時はただ，単なる理論的な説明モデルだけのつもりだったのだが，これを臨床の基礎研究として実際の臨床場面に適用してみると，二者間に形成される一連の連想語の流れとそれについての相互のリフレクティングする会話が治療的会話になっているのではないかということに気づいた。そこで，連想が主訴に関連し，そのリフレクティングする会話が治療的会話になるようなカップル言語連想を「治療的連想」と呼んで，種々の臨床事例でその有効性を試しているところである。

　臨床データを積み重ねるにつれて，T式カップル言語連想法が診断的機能ばかりでなく，治療的機能ももつのではないかという感触が得られた。この技法には，いろいろな臨床領域における応用可能性が秘められているように思われる。基本は，心理面接における会話の継続と展開のためのツールとして使用することであるが，その他，たとえば，高齢者や知的障害者の心的トレーニングの一手段として適用することによって，精神活動の活性化を促進させることは，認知症の予防や知的障害の精神発達に効果があるのではないかと仮定される。川島隆太（2004）の脳トレならぬ心トレ連想ゲームとして応用することである。目下，これらの臨床的応用に役立つ基礎的研究に着手しているところである。

　ただ残念ながら，これらの実証的研究は取り掛かってまだ数年しか日が経っておらず，拙速の誇りは免れないかもしれないが，心理臨床の1つの新しい技法として提案する価値があるのではないかと考えて，T式カップル言語連想法の方法とその背景をなす理論について実際の臨床事例を添えて報告することにした。本書の上梓にあたって，今回もナカニシヤ出版の中西健夫社長，宍倉由髙編集長，ならびに山本あかねさんをはじめとする編集部の方々に大変お世話になった。心より深く感謝申しあげる。

　　2009年秋

　　　　　　　　　　　　　　　　　　　　　　　　　　　　十島雍蔵

目　次

はじめに　iii

Ⅰ．T式カップル言語連想（T−CWA）法とは …………………1
　1．CWA の基本的性質　1
　2．CWA の差別化　4
　3．CWA の特徴　6

Ⅱ．T−CWA 法の実施方法 ……………………………………9

Ⅲ．CWA の分析と解釈（連想語の分類基準） ………………13
　1．連想語の二分類基準の作成　14
　2．感情と認知の二重コード　14
　3．連想語の分類カテゴリー　15

Ⅳ．CWA の理論的基礎 ………………………………………21
　1．オートポイエーティック・システムとしての CWA　21
　2．CWA とナラティヴの関連性　31
　3．CWA の臨床語用論　35

Ⅴ．データ処理法の例示としての事例報告 …………………43
　事例1　知的障害者に T−CWA を適用した一事例報告（参加試行）　43
　事例2　ひきこもりの両親の事例（非参加試行）　58
　事例3　CWA の連想語の分析—抑うつ傾向のある夫婦の事例（非参加試行）　70
　事例4　CWA を活用した高齢者の語りの展開（参加試行）　78
　事例5　CWA の臨床語用論の具体的事例（参加試行）　92

**補遺　T−CWA 法におけるリフレクションの尺度化の試み
　　　―EXP スケールを参考に―**……………………………… 101
　1．EXP スケールの概要　　102
　2．CWA−R 評定スケールの作成　　104
　3．CWA−R 評定スケールの評定例　　107
　4．CWA−R 評定スケールの信頼性　　109
　5．むすび　　110

参考文献　　113
資　　料　　117
事項索引　　127
人名索引　　130

I.
T式カップル言語連想(T－CWA)法とは

　T式カップル言語連想法は，治療的会話の継続と展開を促進するための心理療法の一技法として2005年に筆者によって開発されたものである。これは，セラピーにおける複雑な治療的会話の流れを極端に単純化して，夫婦，親子，あるいはクライエントとセラピストなどの二者間で交互に交わされる言語連想のことである。あたかも禅問答でもするかのように，冗長な言葉をとことん削ぎ落とした単語で行う会話といってもよい。

　日本には世界で一番短い詩といわれる俳句がある。「菜の花や　月は東に日は西に」(蕪村)。この17文字のなかに全宇宙が包含されている。これと同じく，カップル言語連想では，問題をめぐって心の中に渦巻いているいろいろな深い〈思い〉が1つの単語に凝縮されて表現される。それゆえ，CWAは饒舌ではなく，緘黙である。連想語と連想語の間には，長短の違いはあれ，〈沈黙〉がある。CWAの流れは，やや長い無言の時間と一瞬の発語の時との交互の繰り返しである。

1. CWAの基本的性質

　冒頭の3つの言葉は，T式カップル言語連想法の背景にある根本的な性質をうまく表現している。

1）CWAの流れ

　言うまでもなく，鴨長明の言葉はこの世の無常観を端的に表現した名句である。川面に浮かぶ水の泡は生まれたかと思うとすぐに消えてゆき，またその後から新しい泡が生まれては消えてゆく[38]。この句の後に，「世の中にある人と栖と，またかくのごとし」という文章がつづいている。それはまったくそのま

ま「CWAもまたかくのごとし」と言い直すことができる。すなわち, 長明の言葉は, CWAの流れの見事な喩えなのである。

臨床の場面で行われるCWAでは, 行き先を定めぬ連想の流れが絶え間なく二人の間を行き交う。一瞬一瞬の思考や感情の変化に身をゆだねながら, 自在に連想語が紡ぎ出されて, 継続され展開されてゆくのである。

2）CWAにおける言葉と沈黙

今日, 心理面接やカウンセリングの世界では, いかに語り, どう語らせるかという〈語り〉のみに過剰に焦点づけられ, 沈黙は効用価値のないものとして軽視されがちである。CWAの実施においては, 連想語を生み出す沈黙のための間合いの取り方が基本的に重要である。それゆえ, ピカートの『沈黙の世界』[47]に依って, CWAにおける沈黙の意義について簡単に触れておく。

言葉が終わるところに沈黙がはじまり, その沈黙から言葉が生まれる。川面に浮かぶうたかたのように, 言葉は沈黙の表面に浮かび上がる。〈沈黙〉はただ「語られざること」, つまり言葉がない〈無言〉のことではない。単なる無言は無意味で空虚な時の流れであるが, 沈黙には思いを深くめぐらすという精神の働き（本著では, これを観念連合として捉える）が潜在している。沈黙のなかには, なにか語りかけてくるもの, いまだ語られていない言葉がある。それゆえ, 冒頭のピカートの言葉にもあるように, 言葉が深みをもつには, 言葉はつねに効用価値なき存在であるところの沈黙という背景を必要条件としているのである。

このことから, 言葉は2種類に区別される。1つは精神の働きを媒介とする沈黙に根ざしたものと, もう1つは他の言葉から無媒介に直接生じたものとである。前者を〈生きた言葉〉, 後者を〈死んだ言葉〉と呼ぶならば, 生きた言葉にとって沈黙と関連をもつことは必要不可欠であって, 沈黙から切り離されて孤立化した言葉はたちまち枯れ果てて根なし草の死んだ言葉になってしまう。

一方, 言葉には, みずからがそこから生まれた沈黙を生み出す力がある。言葉の創造作用によって逆に沈黙が沈黙たらしめられるのである。それゆえ, 言葉と沈黙とは対立する2つの現象であるにもかかわらず, 表裏一体をなして密接に結ばれている。これは, 「古池や蛙とびこむ水の音」, 「閑けさや岩にしみ入

る蟬の声」など松尾芭蕉が表現する「静寂の世界」と同じである。音のないこと，すなわち，無音が静寂なのではない。深い静けさを感じうるためには，音が存在しなければならない。喧騒のなかではかき消される「水の音」や「蟬の声」は周囲の無音によってひき立てられるが，その音があればこそ，無音が静寂に変化しうる。「コーン」と鳴る「ししおどし」の仕掛けは，音によって静けさを作り出す日本人の庭園技術の傑作であるといわれる。静けさが音と無音の響き合いであるのと同じで，沈黙は言葉と無言の関係性から醸しだされるものなのである。

　ピカートによれば，人は，ただ言葉を聞くのではなく，沈黙を聴くために語るのだという。人は話のうちに沈黙を聴いているのである。彼は，沈黙なしに傾聴することはできないともいう。傾聴することは，人の内部に沈黙が存在しているときのみ可能なのである。語るということは，ある人の沈黙から他の人の沈黙への働きかけのことである。だから，言葉そのものの意味よりも沈黙の意味について共同了解に到達することの方が重要なのである。

　虚子の句も〈秋〉を〈沈黙〉に置き換えて読むならば，CWAにおける言葉と沈黙の関係を見事に表現している。上田閑照（1997）の解説に倣えば，「彼一語」は沈黙の深みからの一語。それに響応するように沈黙から「我一語」。それぞれは一語ですべてであるような一語であり，互いに響き合いながら，沈黙の深みに浸み通ってゆく。その余韻が後のリフレクティングする会話に反映されるのである。

　CWAは，言葉の制限によって沈黙を生み出し，その沈黙によって互いの思いが広がり，相互のリフレクションが深まることを意図しているのである。CWAでは，クライエントの沈黙の織り成す綾（コンテキストといってもよい）を連想語をとおして感じ取る。ただし，沈黙のなかから言葉を模索することは，心の動きを甚だしく害する。それゆえ，CWAにおいては，言葉を意図的にあれこれ詮索するというよりは，何気なくふと頭に浮かんだ言葉を使って対話することを推奨する。その言葉のなかに思いのすべてが投影されているであろうからである。

2．CWA の差別化

　言語連想法を臨床領域に最初に適用したのは，ユング，C. G.（1906）であるといわれている。前世紀の初頭に，彼は言語連想検査を携えて精神医学の世界にデビューした。これがフロイト，S. の「自由連想法」へと発展的に継承されたことはよく知られている[41]。だが，T式カップル言語連想法はこのいずれとも根本的に違う。理論的根拠をまったく異にしているのである。言語連想法というとどうしてもユング型の言語連想検査法（WAT：Word Association Test）のイメージが強いので，T－CWA法をこれと差別化するために，まず，WATの概要を述べておく必要がある。

　ユング型のWATは，実験者があらかじめ準備した一連の刺激語を被験者に順次提示し，その1つひとつの語に対して思い浮かぶ言葉を反応語として答えさせる検査である。これは，連想反応時間や反応語の内容などのいわゆるコンプレックス指標を手がかりとして，被験者の内面の心理過程や心の深層を探る投影法による心理検査の一種である。WATでみられる連想反応の乱れには，認知的要因と情動的要因とがかかわっている。たとえば，連想反応の遅延には，連想の失敗の他，一連の連想の介在や，反応の拮抗，コンプレックスの介入などが考えられる。

1）WATの例

　従来のWATは，すべてこのユング型を基本型とし，それぞれの検査目的に応じて多種多様のヴァージョンがある。ユングのWATの刺激語は100語である。それを受け継いで，ケント，G. H. & ロザノフ，A. J.（1938）は，正常群と臨床群を鑑別し，診断学的に分裂病者の思考障害を捉えるための実験的手段として100語の刺激語を使用している。ラパポート，D. ら（1946）も精神分析的診断を目的に独特の言語連想検査を提案している。彼らの言語連想検査表における刺激語は，いわゆる「外傷語（traumatic word）」20語と「非外傷語（non-traumatic word）」40語の計60語から構成されている。わが国においては，戸川・倉石（1958）が言語連想の臨床心理学的研究を試みているし，小林（1989）は42語

からなる簡易版「WAT-Ⅱ」の診断的価値を各領域における臨床事例で報告している。白石・小川（1981）の「甘えの言語連想検査」は日本独特のものであり，土居の「甘え」理論から導き出された対人関係・対人感情に関する刺激語50語で作成されている。また，WATは，知的障害や自閉症などの発達障害（末岡：1973，倉田：1981，十一・神尾：1998），摂食障害（森鼻・氏原：1989），精神病（足利ら：1997，中島：1986）などの診断にも適用されている。さらに，これまで行われてきたWATの研究目的をいくつか列挙すると，言語連想の基礎的研究，子どもの言語連想の発達，パーソナリティの測定，知的障害や自閉症などの発達障害児の言語連想の特性，摂食障害，非定型精神病，統合失調症など，臨床現場の精神病理の診断に役立つツールの標準化など多岐の領域にわたっている。言うまでもなく，これらの研究はすべてユング型のWATについてのものである。

2）WATの実施方法

刺激語の提示法と反応様式の組み合わせでさまざまな実施方法が工夫されている。刺激語の提示様式としては，刺激語を1つずつ読み上げる口頭提示，用紙やカードに印刷した書面提示，画面やスクリーンに提示されることもある。反応様式は，それぞれの提示法に対して口頭で応答する場合と書記で応答する場合とに分けられる。各反応語について，語音連想による反応であったか，連想時に視覚心像を伴ったか，その視覚心像に情動が付随していたか，などが尋ねられることもある。

3）連想の種類

連想の種類もいくつかに分類される。

①制限連想法と自由連想法：連想法は制限連想法と自由連想法の2種類に大別される。制限連想とは，刺激語の上位・下位概念とか反対語など，あらかじめ指定された関係にもとづいて行われる連想のことである。一方，自由連想では，このような制限を設けないで被験者の心に浮かぶままを自由に報告させる。自由連想法の方が一般によく利用されている。自由連想には，いわゆるユング型のように刺激語を与えて連想させる場合とフロイト型のように出発観念

以外に刺激語を与えないで思いつくまま次々に報告させる場合とがある。もっとも，純然たるフロイト流の自由連想法の使用は，精神分析の特殊な臨床場面に限られている。

②**単一連想と複数連想**：従来多く使われている言語連想法は，提示された刺激語に対して何でもいいから一番最初に思い浮かんだ単語を1つだけ報告させる方法である。この1対1連合を単一連想という。教示では「できるだけ速く答える」ことが指示される。また，単一連想では，連鎖反応（すなわち，「空」という刺激語から雲→雨→川と連想して「川」と答えること）が禁止され，刺激語から直接反応することを要求されることが多い。

複数連想とは，1つもしくは同一の刺激語に対して複数の連想語をあげさせる方法である。時間制限法で，一定の時間内に「できるだけ多く答える」ように教示される。反応語を4個とか1個以上3個以内に制限することもある。複数連想には直列連想と並列連想とがある。直列連想では，1つの刺激語に対して反応語が反応語を生むように次々と連想させるのに対して，並列連想は，刺激語から直接反応することを原則とし，たとえば用紙に印刷されている複数の同一刺激語に対して1つずつ空欄に反応語を記入させる。

③**直接連想と間接連想**：刺激語から反応語が導かれる過程には2種類ある。1つは，何らの媒介項なしに短絡的に反応語が誘導される連想であり，直接連想と呼ばれる。もう1つは，一連の主観的な連想過程を媒介項として反応語が導かれる連想で，間接連想という。間接連想も刺激語と反応語は1対1なので複数連想とは異なる。直接連想であったか間接連想であったかは，反応時間と聴き取り質疑から明らかになる。これは，反応語の性質よりも，反応が生成される過程そのものを考慮した分類法である。反応語として「何を」答えたかよりも，「いかに」答えたかが重視される[32]。

3．CWA の特徴

以上概説したように，刺激語の数や種類，実施方法や目的の如何にかかわらず，従来の伝統的なユング型の WAT に共通する基本的特徴は，実験者があらかじめ用意した複数の固定的な刺激語を一方的に提示し，被験者はただそれに受

動的に反応するという様式である。実験者が提示する刺激語と被験者が応える反応語を対として1回1回が不連続に独立している。

　これに対して，CWAは二人の間で行われる自由単一連想法であるから，その言語連想は必然的に双方向的かつ能動的であり，あらかじめ定められた刺激語はない。1つの連想語は，直前の相手の連想語に対する反応語であると同時に，直後の相手の連想に対しては刺激語となる。連想は，いったん開始されると終了するまで連続して交互に継続される。

　CWAでは，二人の間で，相手が発した単語を聞いて頭に浮かんだことを単語で交互に相手に返す。カップル相互は互いに一瞬一瞬連想をつなぎながら，全体的な流れの構造を構築してゆく。そこにおのずから問題に関連した**連想システム**が展開される。だが，互いに交わされる一連の連想語だけでは，その背後にあるコンテキストや意味を互いに汲み取ることはできない。そこで，CWA終了後に1つひとつの連想語について，最初から順番にそれを発したとき，「何を考え，どう感じていたか」という内面の〈思い〉について互いに語り合う。この沈黙の語りを「**リフレクティングする会話**」という。すなわち，T – CWA法は，一連のCWAとそれについてのリフレクティングする会話の二部構成になっているのである。

　T – CWA法は，一連の連想語の内容についてリフレクティングする会話が治療的会話へ発展することを意図している。ここで，グーリシャン，H. らのいう物語論的立場の「**治療的会話**」とは，「クライエントとセラピストが〈問題〉について語り合い，その対話を通して，いままでにはなかった新しい意味，新しい現実，新しい物語を共同で探索して，問題を解消してゆく努力のこと」である。

　そこで，臨床場面で行われる連想が主訴に関連し，そのリフレクティングする会話が治療的会話になるようなCWAを「**治療的連想システム**」と呼ぶことにする。CWAの一連の語の連なりは〈物語〉の骨格をなし，それを肉付けする「リフレクティングする会話」が〈物語〉を構成するのである。

　ただし，T – CWA法の目的は，クリス, A. O. (1987) の自由連想法の考え方に倣って，差し当たりそれがどのような治療的効果をもつかは問題にしないで，ただ二人の間で言語連想を継続すること（連想の継続性）と連想の可能性

を拡げること（連想の自由の拡大）にある。いったん開始されると，行き先を定めぬ不断の連想に身を任せる外ない。むろん，CWAによって無意識に抑圧されたものを意識に浮かび上がらせるとか，「語られざるもの・語り得ないもの」を「語らせる」ことを意図しているわけではない。結果として事後的にそういうことが起こる可能性があるかもしれないが。

II.

T−CWA法の実施方法

　T−CWA法の実施は5つの段階からなっている。
　第1段階：約5分間程度，主訴について聴取し，CWAのための初発語を選択する。
　第2段階：およそ5分間程度，予備練習を行う。初発語は日常語から選ぶ。
　第3段階：主訴に関連する初発語でCWAを実施する。
　第4段階：CWAの終了後，一連の連想語についてリフレクティングする会話を行う。
　第5段階：いったんCWAの終了を宣言した後，雑談風に全体の感想を語り合う。

　T−CWA法を実施する際には，最初に，その全過程をテープに記録することの了解は得ておく。第1段階終了後，「それでは，カップル言語連想法を始めましょう」と言って，T−CWA用紙の表紙に記載されている次の教示を読み上げる。

　「これは，二人で行う言語連想です。あたかも単語で会話するかのように，相手が言った単語を聞いて頭に浮かんだもの（こと）を交互に単語で報告してください。連想した言葉に善い悪い，あるいは正しい間違いはありませんので，あまり考え込まずに，思ったままを自由に答えてください。こちらで「終わり」を知らせますので，それまで続けてください。終わったら1つひとつの単語について，それを言ったとき『何を考え，どう感じていたか』を順番に語り合います。ありのまま話してください。はじめる前に少し練習を行います。それでは最初の単語を言いますので，始めましょう」。

　第1段階：CWAを実施するに当たって，まず，クライエントの主訴について

聴取する。セラピストはその語りのなかから主訴に関連する1つの語を選び，これを初発語とする。この初発語の選択はきわめて重要である。初発語がその後のCWAの流れ（連想システム）を決定的に方向づけると考えられるからである。初発語が適切に主訴を反映したものであれば，連想システムは主訴をめぐって展開され，主訴に関連する問題の意味（コンテキスト）を共同で創出することができる。

なお，インテーク面接などにより，主訴に関する初発語が選択できる場合には，この段階は省略する。

第2段階：初発語を選択した後，それは一時保留しておいて，これとは別の主訴とは関係のない日常語を初発語としてCWAの予備練習を行う。予備練習でセラピストが心得ておかなければならない重要なポイントは，CWAにおける沈黙のための〈間合い〉の取り方である。

WATでは，1つの刺激語に対して1つの連想語で反応する自由単一連想法の場合，「できるだけ速く答える」ことが暗黙にか明示的に指示され，直接連想することを要求されることが多い。刺激語を聞き終わってから反応語を答えはじめるまでの反応時間（RT）は，成人でふつう1秒〜5秒の範囲であり，平均RTはほぼ2秒前後である。戸川・倉石（1958）による日常語100語の刺激語に対する100人の大学生の結果では，5秒以内に全反応のおよそ90％が含まれている。この結果から，何らかの障害要因が予想される反応として，彼らは，RTが5秒以上の反応を考えた。小林（1989）は，RTが10秒以上の反応を遅延反応としている。以上のことから，RTが明らかに遅いとみなす目安は5秒から10秒の間にあると考えられる。

しかし，これはWATについていえることであって，CWAでは反応時間についての制限はなんら設けられていない。にもかかわらず，ふつうクライエントには無意識のうちに速く反応することが要請されているという思い込みがある。

WATとは異なって，CWAでは，一連の心理的連想過程を媒介とする間接連想を扱うことから，言葉の遮断というある程度の〈間合い〉が必要である。この〈間合い〉が沈黙となって，自己への問いかけ，つまり，自己への思いをめぐらせること（リフレクション）を可能にする契機をつくるのである。反応時

間が短く連想が速過ぎれば，何らの媒介項なしに直接連想が行われて，リフレクションが起こる暇がない。一方，反応時間が長く連想が間延びすれば，連想が遊び出して主題から離れてしまう危険性がある。

　そこで，セラピストが適度の〈間合い〉を取りながら反応することによって，遅過ぎては困るけれども別に慌てなくてもいいことを暗黙のうちに伝えるのである。どの程度の間合いが適切であるかは，ケースによるので一概にはいえない。ただ，CWAのタイミングのコントロールはセラピストの役割である。要するにCWAのペースを予備練習である程度定めておくのである。

第3段階：予備練習が終了した後，あらかじめ用意していた主訴に関連する初発語を用いてCWAを本格的に開始する。クライエントはその語を聞いて自分が思ったことを1つの語にしてセラピストに返す。それをセラピストが聴き取って自分自身のなかに生まれてくる思いを単語で返す。以後これを交互に繰り返しながら，いまだ語られていない連想の流れを共同で制作する。各々30回ずつ，計60回。反応時間の制限はない。ただし，リフレクティングする会話を含めた全過程は60分以内に終了することが望ましい。

　このコラボレーティヴ・プロセスがCWAの基本的構造である。この際，セラピストは，可能な限りクライエントの連想語の背後にあるコンテキストを読み取りながら，それとカップリングする連想語で応答するように努力する。セラピストの役割は，連想語の局所的接続においてクライエントの連想を同じコンテキスト内で連想し直すことである。このセラピストによる「クライエントの連想の連想し直し」がクライエントの連想を次第に深める効果をもつと仮定される。ただし，クライエントの連想が主訴から離れ過ぎる場合には，軌道修正するために，セラピストがデカップリングすることもある。

　また，事後的にしか了解できないことではあるが，セラピストは，可能な限り言語連合を避け，クライエントの発語前の無言が沈黙となる，つまり思いを深めるような連想語で応答することをつねに意図していなければならない。

第4段階：CWAの終了後，最初に戻ってCWAの1つひとつの連想語を順次振り返りながら，その連想語を発した時，何を〈思っていたか〉についてお互

いに語り合うリフレクティングする会話を行う。その際，一問一答方式の尋問調で聴取するのではなく，たとえば，ロジャーズの傾聴法の受容・反映・明確化などの技法を活用しながら，リフレクティングする会話が治療的会話となるように会話を進めていくのがこつである。そのために，セラピストは，クライエントの連想語の内容を一方的に聴き取るばかりでなく，みずからの連想語の内容についても素直に語るべきである。後述するCWAの「公開性の原理」である。この段階がCWAのもっとも重要なところで，CWAが治療的に役立つかどうかは，いつにリフレクティングする会話によって新しい物語の共同制作ができるか否かにかかっている。

　第5段階：CWAのすべてが終わった後，一息入れて「CWAをやってみていかがでしたか」と尋ね，雑談風に全体の振り返りを行う。ここでしばしばクライエントの本音が垣間見られることがある。この雑談の重要性はCWAの実施経験から気づいたことである。

　この一連の過程は記録用紙に記入すると同時に，クライエントの承諾を得て，テープに録音し，後でトランスクリプトする。なお，記録用紙に連想語を記入する際には，ひらがな書きで行う。同音異議語があるからである。たとえば，後で出てくる例であるが，初発語「祈り」に対して被験者が「敬虔」と応えたのに対して実施者が「畏れ」と反応した。これを被験者は「恐れ」と聞いて「避けたい」と答えた例がある。「敬虔」も実施者が「経験」と記入したならば，以後の連想はまったく異なったものになったであろう。それゆえ，被験者の目の前で行う記録はひらがな書きとし，リフレクティングする会話で確定できるものは漢字に書き換えることを原則とする。
　これらのトランスクリプトされた資料にもとづいて連想システムの構造分析〔カップリングとデカップリング〕と連想システムの内容分析〔連想語の内容と反応時間〕の2つの側面からCWAの分析と解釈を行う。これによって，CWAを心理療法としてばかりでなく，診断的ツールとしても利用することが可能になる。

III.
CWAの分析と解釈（連想語の分類基準）

　CWAの分析と解釈は，構造分析によって一連のCWAの流れを「ストーリーとして読む」という大局的視点と連想反応時間，とくに速反応と遅反応の分布，および1つひとつの連想語の内容を隣接対から分類するという局所的視点の二側面から行われる。いずれの分析を行うにもある程度の熟練を要する。

　CWAの連想語の流れを「ストーリーとして読む」とは，リフレクティングする会話を参照しながら，一連の連想語の流れのなかに次々と島のように浮かび上がるカップリング相（コンテキストや意味，感情，気持ち，思いなどの共有）のプロットを読み取り，それらをつなぎ合わせて，1つのまとまった全体的な構造（ストーリー）を浮き彫りにする作業のことである。

　カップル言語連想法の「カップル」とは，言語連想に参加する二者関係のことである。だが，それとは別に，実はこちらの方に力点があるのであるが，マトゥラーナ, H. R. とバレーラ, F. J.（1997）の「構造的カップリング」の概念を理論的背景として，二者間に構成される連想システム，つまり，二人の連想の流れの「構造的カップリング」を分析の視点にするという意味が込められているのである。一連のCWAの流れは，構造的視点からみると，カップリングとデカップリングの交替からなっている。それゆえ，CWAの結果の構造分析に際しては，カップリングとデカップリングが織り成すCWAの全体構造からストーリーを読み解くという作業が重視されるのである。

　この大局的視点からの分析の具体的方法は後述の症例報告で詳しく例示することにし，ここでは局所的な連想語の内容分析のための分類基準について述べる。

　むろん，CWAは，治療的機能のみならず，診断的機能をももち得る。しかし，連想語の臨床的解釈や反応時間の分析によるCWAの診断的ツールとしての適用はあくまで二次的・付随的なものと考えている。

1. 連想語の二分類基準の作成

　連想実験に関する医学的・臨床心理学的研究の歴史において，連想テストの診断的価値を明らかにするために，連想語の分類をめぐって真摯な努力が払われてきた[1]。ユング型のWATの連想語の分類については，古くより諸家によっていろいろの分類基準が提案されている。わが国においても戸川・倉石（1958）や小林（1989）らが，詳細な分類法を体系化している。

　しかし，基準を厳密に細分化しても臨床的診断にはあまり役立たないことが多い。心理面接の過程では，ある程度迅速性が要求されるので実用性に配慮すれば，多少厳密性には欠けても可能な限り分類方法は簡便にする方が望ましい。そこで，これらの諸家の分類法を参考にしながら，精神機能の基本的な2つの現象型である感情と認知の二分類基準で臨床的診断用の簡単な分類法を提案する。

2. 感情と認知の二重コード

　チオンピ，L.（1994）は，感情と認知からなる心的構造の発生をオートポイエーシス理論の観点から説明している。彼の感情論理説によれば，認知過程と感情過程の間にはマトゥラーナのいう構造的カップリングが介在しており，それによってより上位の統一的な感情 – 認知関連システムが拡大均衡的に自己創出される。感情システムと認知システムとはそれぞれ自律的に働きながら，しかも緊密な絡み合いのなかで相互に発展的に構造変容を遂げて，相互補完的な二重システムを構成しているのである。

　チオンピによれば，感情と思考は現実を把握する2つの異なる様式であるという。感情と認知の二重システムは，出合うもの（言語連想では刺激語）を1つの単純な二重コードにおいて捉える。一方は「感情コード」であり，他方は「思考コード」である。この二重コードがうまく釣り合いをとって相補的に働けば，両眼視と同じように，適切な「焦点深度」で現実構造の本質的なものを正確に把握することが可能となる。しかし，実際には感情と思考の調和のとれた

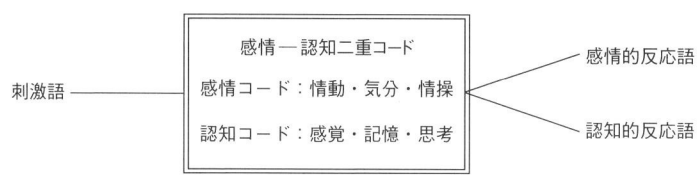

図1　二重コードによる現実把握の二様相

均衡はなかなか困難であり，いずれかへの偏りが生じる。この不均衡が過度の場合，感情障害とか認知障害などのさまざまな病的不適応現象が生じるというのである。チオンピは，精神活動における認知と感情という2つの極性をもった二重システムの均衡を心の健康として捉えているのであるが，言語連想において，感情連合と認知連合とのバランスが1つの判定基準になるかどうかを検証することは意味があることと思う。

3. 連想語の分類カテゴリー

連想語の分類基準は，精神機能の二大要素である感情と認知を柱として感情連合と認知連合の2つに大別される。さらにそれぞれに4つずつの下位区分が設けられ，合計8つの分類カテゴリーに区分される。その他，了解可能性による分類も用意されている。なお，CWAにおいて，1つの連想語にはいろいろな〈思い〉が凝縮されているので，個々の連想語だけで1つのカテゴリーに機械的に分類するのは困難な場合がある。分類する際には，隣接対やリフレクティングする会話を参照するのが前提である。

1) 感情連合（E = Emotion）

感情連合は，刺激語の示す対象に向かって自己の主観的な感情や願望，意志を投射する対象連合である。〈快不快〉，〈好き嫌い〉，などの感情，〈したい〉，〈ほしい〉などの願望・要求，さらには〈する〉，〈やる〉などの意志が反応語として表現される。ありがたい，むずかしい，美しい方がいい，などの感情的意見や感想などもこれに含まれる。語の品詞にかかわらず，原則として情動的色彩を帯びた反応はすべて感情連合に含まれる。感情反応はふつう肯定・否定の

感情的価値判断が伴われるので，肯定的感情連合（Ep：p = positive）と否定的感情連合（En：n = negative）の２つに分けられる。また，これと願望・意志反応（Ew：w = wish or will）は性質が異なるので解釈上区別することにする。Ewにも「する・しない」，「したい・したくない」など積極的・消極的の二側面があるが，例が少ないことから区別せずに処理する。

なお，感情は主観的・主体的なものの感じ方であるから，自我との関連性が比較的強く，自我滲出性が認められることがある。その典型的な例は，誇らしさや恥ずかしさ，惨めさなどの自我感情である。刺激語の示す対象への自己の関係づけを「自我連合」というが，感情連合と自我連合は往々にして分かち難く結びついている。感情連合は，刺激語の示す対象に自己の感情（心情）を結びつける反応であるから当然である。感情連合には，その主体である〈私〉が潜在していることが多い。たとえば，「花―好き」，「幸せ―なりたい」，「ご飯―食べる」の例において，「好き」であったり，「なりたい」あるいは「食べる」のはふつう他ならぬ〈私〉である。たいてい暗黙のうちに自分自身を主語にしているため，自我関与が働き，自我が滲むように漏れている[30]。そこで明確に自我滲出性が認められ，他の感情連合と区別される場合，自我連合は，Ee（e = ego）として，感情連合の下位分類に含めることにする。

そこで，感情連合は，以下の４つの下位カテゴリーに区分される。

Ep：肯定的感情連合〔例：好き，嬉しい，楽しい，喜び，安心，安堵，やすらぎ，なぐさめ，信頼，幸せ，思いやり，共感する，ありがたい，感謝，尊敬，美しい，清潔，たやすい，元気，明るい等〕

En：否定的感情連合〔例：嫌い，悲しみ，憂うつ，虚しい，辛い，苦しい，不安，恐れ，苛立ち，怒り，恨む，不潔，醜悪，難しい，不信，拒絶，軽蔑する，疲労，きつい，暗い等〕

Ew：願望・意志連合〔例：したい―したくない，ほしい―ほしくない，する―しない，すべきである―すべきでない，頑張る―怠ける，努力，耐える，我慢する，羨望等〕

Ee：自我連合〔例：誇らしい，恥ずかしい，惨め，自慢する，驕る，遠慮する，控える，謙虚，慎み深い，相手を立てる，ゆずる，優越感，劣等感，自信，自己可能感，自尊心，私・俺・僕等〕

感情連合においては，気分障害や情緒障害を勘案すると感情が肯定的であるか否定的であるか，願望・意志が積極的であるか消極的であるか，また自我防衛機制の観点からは自我滲出的であるかどうかということが臨床的に重要な意味をもつと考えられる。

2）認知連合（C = Cognition）

認知連合は，感覚，記憶，思考などの認知機能と関連した客観的で知的な対象連合である。認知連合の特徴は，感情的色づけをなんら伴わないことである。認知は客観的なものの見方，考え方であるから，対象そのもののもつ性質，状態，機能，あるいは対象間の関係の把握にもとづいており，自我とのかかわりは相対的に弱い。

認知連合は，主として感覚・知覚による対象把握の認知過程に関係している感覚連合（Cs：s = sensory），記憶イメージが連想過程を誘導する記憶連合（Cm：m = memory），知的な対象と対象との間の関係把握の認知過程に関係する知的連合（Ci：i = intellectual）の3つの下位カテゴリーに分けられる。Csは，刺激語が示す対象の性質や状態，属性，機能の認知にもとづくものであり，Cmは，刺激語の示す対象に対する感情的に中性的な単なる個人的体験の想起や習慣的動作の認知にもとづくものである。これに対して，Ciは，対象間の関係の認知にもとづくものであるところに特徴がある。なお，〈役に立つ〉，〈重要〉，〈便利な〉，〈えらい〉，〈ためになる〉，〈立派〉，〈よいことです〉など，感情的評価と紛らわしいことがあるが，感情的色合いの比較的稀薄な知的評価にもとづくものはCiに含める。それが，暗黙裡に他の対象との比較関係を伴うと考えられるからである。

また，言語連合は，刺激語が示す対象（あるいは、イメージ）とは関係なく，刺激語を単なる言葉として受け取り，言語的つらなりあるいは音韻的な類似関係にもとづいて単に言い換えたり，他の言葉を補って成句を作る言語習慣性の反応である。それゆえ，対象連合である認知連合とは区別して独立したカテゴリーとすべきであるが，認知と言語は密接に関連しており，区別し難いことも少なからずあるので，少々乱暴ではあるが，言語連合をCw（w = word）として認知連合の下位カテゴリーに含めることにする。

以下に認知連合の4つの下位連合を例示する。

Cs：感覚連合〔例：リンゴ—赤い（色彩反応），箱—四角（形状反応），鯨—大きい（大小反応），氷—冷たい（感覚反応），石—硬い，心身—健康／病気（属性反応），机—木（材料反応），鳥—飛ぶ（動作反応：飛ぶのは鳥の性質，機能の表現），赤ん坊—泣く，お母さん—笑っている，医者—治す，桜—咲く（散るも同じ）〕

Cm：記憶連合〔例：本—読む，ご飯—食べるなど，みんながいつもやる習慣的動作や習慣行為は Cm とするが，友だち—遊ぶなどの動作連合は文脈によっては Ew に分類されることもある。リンゴ—食べた，病気—治った（個人的体験），悲しい—涙，努力—汗（習慣的結びつき）〕

Ci：知的連合〔例：リンゴ—みかん（同位），犬—動物（上位），野菜—大根（下位）の概念関係。なお，シロ—クロなどの反対語は同位連合である。算数—国語（類似関係），茶碗—箸（接近・共在・場所などの時間・空間関係），時計—針（全体・部分関係），ストレス—うつ（因果関係），1年—12ヶ月（定義関係），美しい—花の〈花〉は例示語として Ci に分類されるが，花—美しいの〈美しい〉は Ep である。上位の逆は例示であるが，例示の逆は必ずしも上位ではない。心情，性状，動作の各連合についても同じことがいえる。〕

Cw：言語連合〔例：不潔—汚い，便所—トイレ，だらしない—ルーズ（同じ意味を他の言葉で言い換える同一連合，ダイコン—ダイジン（音韻連合），一歩—前進，新聞—記者（添加連合））〕

3）了解可能性による分類

認知連合では，思考障害などを考慮すれば，連想語の了解可能性が臨床的な問題となる。しかし，連想語が了解可能であるかどうかは，感情連合についてもいえることであるから，連想語の了解可能性は感情連合と認知連合の分類基準とは別次元で独立に立てた方が臨床的には役立つように思われる。そこで，了解可能性の程度によって3つの下位類型に分けられる。なお，UはU＝Understanding を意味している。

Up（p = possible）：刺激語と反応語の関係だけで即座に了解可能である平凡

Ⅲ. CWAの分析と解釈（連想語の分類基準）

な連想関係

Um（m = medium）：刺激語と反応語の関係だけでは了解不能であるが，「リフレクティングする会話」による「媒介項を補って了解可能」になる特異な連想関係

Ui（i = impossible）：「リフレクティングする会話」の内容からも「了解不能」な異常な連想関係

上述の感情連合と認知連合は，たいてい了解可能であるかあるいは説明されれば了解可能な健全な連想である。しかし，説明されても了解不能なものは病的な異常性を孕んでいるので，Uiだけは，感情連合および認知連合とは別立ての第三のカテゴリーとして取り扱われる。

この了解可能性を基準とした分類は，小林（1989）によるポピュラー反応，ユニーク反応，クイア（奇妙な）反応，病的反応の4分類に類似している。Upはポピュラー反応，Umはユニーク反応，そしてUiはクイア反応と病的反応にほぼ該当している。

IV. CWA の理論的基礎

　T‐CWA 法は，伝統的な WAT 研究の延長線上にあるものではない。それとはまったく別領域の理論から発想を得たものであることは**はじめに**で述べたとおりである。CWA の絶え間ない流れは，自己回帰的リフレクションを媒介とするオートポイエーティック・システムである，というのがそこでの基本的前提であった。一方，筆者はオートポイエーシスをナラティヴの産出機構であると仮定している[54]。それゆえ，オートポイエーティック・システムの単純な現象型である CWA は，ナラティヴにおける治療的会話の単純なヴァージョンでもあったのである。CWA はとても単純であるが，その発想の基盤にはオートポイエティック・モデルとナラティヴ・アプローチがある。ナラティブ・アプローチでは，とくにアンデルセン, T. の「リフレクション」の概念とアンダーソン, H. & グーリシャン, H. の「無知の姿勢」に依拠しており，CWA はそれを簡単に具現化したものとみなすことができる。

1. オートポイエーティック・システムとしての CWA

　説明のために，若い夫婦の CWA の最初の部分を例示する。

　H（夫）：①秋，③さんま，⑤さしみ，⑦冬，⑨白，　⑪馬，⑬ひずめ……
　W（妻）：②雲，④塩焼き，⑥大根，　⑧雪，⑩アオ，⑫鞍，⑭牛……

1）連想は局所的接続によって継続する（自己言及性）
　〈秋〉から〈雲〉，〈雲〉から〈さんま〉というぐあいに，個々の連想語は，川面に浮かぶうたかたのように，一瞬のうちに消滅し，別の連想語に入れ替わる。連想は次の連想の開始条件となって次々に自己言及的に連想が接続される。

オートポイエーティック・システムとは「ある出来事（CWAの場合，連想）を自己言及的に維持するシステム」のことであり，自己言及的とは「ある出来事の原因がその出来事自身であるような状況」をいう[48]。この定義に従えば，「連想が自己言及的に連想を生む」という様式で連続的に連想語を産出しつづけるCWAは，まさにオートポイエーティック・システムの具体的な一例であるということができる。

オートポイエーティック・システムは，直前の産出的作動が次の産出的作動を生み出すという小規則に従って，連続的に自己を産出しつづけるシステムのことである。システムの産出的作動が停止すれば，システムそのものが消滅し，存在しなくなる。その必要十分条件は産出的作動の継続だけである。CWAにおける産出的作動とは，〈連想〉そのもののことである。そこには，クライエントとセラピストの間の一瞬一瞬の連想の〈接続〉という局所的な過程の繰り返しがあるだけであり，その積み重ねが結果として全体的な連想システムの構造を決定するという大局的な現象をもたらす[70]。

産出的作動が接続するためには，先行の産出的作動の結果（連想語）を次の産出的作動が参照していなければならない。それゆえ，連想の接続は，その産出物である連想語がそれ自身を産出した連想過程へ再参入してはじめて可能となる。連想語は発せられなければ，それを参照することも連想を継続することもできない。参照なしに産出的作動が働いたとすれば，その結果は何のつながりもない断続となる。産出的作動の接続には，歴史的事象を担った先行事象の参照機能を必然的に伴う。オートポイエーシス理論では，この参照過程を前提に，産出的作動（連想あるいは語り）を構成素とし，それが継続するところにシステムが出現すると考える[24]。

CWAでは，それに従事する二人が相手の連想語を参照しながら互いに次々と連想語を生み出す。そこに一連の社会過程として何らかの意味と構造をもつCWAが展開されるのである。それゆえ，CWAにおける一連の連想活動は，互いに相手の連想と連動しつつおのずと生成発展する1つの社会システムであるということができる。

2）可能性の地平で捉える（ダブル・コンティンジェンシー）

　コンティンジェンシーの意味は,「相手の出方に依存する」ということであるが, 相手の出方によって打つ手を決めるには, 手の選択可能性が潜在していなければならない。Hの〈秋〉という発語を聞いた瞬間, Wはいずれの連想語を選択するのかがまだ決まっていない「未決のコンティンジェンシー」の状態にある。〈秋〉から〈春〉や〈稲穂〉が選択される可能性もある。多くの選択肢の中から〈雲〉が選択された結果, 未決のコンティンジェンシーは,「別様のコンティンジェンシー」へ転換する。「別様のコンティンジェンシー」とは, すでに行われた決定が別様にもありえたということである。ただし,「〈雲〉に決定されたということは別様にはありえていない」というのも事実である。連想は, コンティンジェンシーの観点からすると,「未決のコンティンジェンシー」から「別様のコンティンジェンシー」への移行過程であるとみなすことができる。あらゆるもののあり方をコンティンジェントなものとして, つまり, それぞれの出来事を起こり得る可能性の地平において捉えるのがオートポイエーシス理論の基本である。

　CWAの場合, お互いに相手の連想語に依拠しながら, 起こり得るあらゆる可能性のなかから, その一瞬一瞬1つのものを選び取り, それ以外の他のすべての可能性を排除することによって, 連想語を1つひとつ確定していく。これはオートポイエーティック・システムそのもののあり方である。語ることによって語られないことが生じる。語られなかったものは語りのシステムの環境となり, 内も外もない形でシステムの作動に浸透する[23]。この二人の間のダブル・コンティンジェンシーが一連のCWA過程の〈原基〉である。

3）連想の呼応と展開（CWAのカップリングとデカップリング）

　上述の例では,〈秋〉に〈雲〉が接続されたことから, 秋—雲関係が「秋の情景」というコンテキストを生み出し, それが〈秋〉の意味を規定する。もし〈秋〉に〈春〉が接続されたとすれば, 春—秋関係から別の「四季」のコンテキストが産出されて,〈秋〉の意味づけは異なったものになる。連想語の意味はコンテキストによって与えられるが, そのコンテキストの産出は, 連想語が2つ以上接続されることを条件とする。CWAで問題となるのは, それに参加する

二人の間のコンテキストの共有である。

　二人は，時々刻々と移り変わってゆく連想システムの流れのなかで，その時のみ存在する共有された新しい意味（コンテキスト）をCWAを通じて紡ぎ出してゆく。CWAの継続がオートポイエーティックに「意味を生成する」のである。CWAは意味生成機構としてのオートポイエーティック・システムの一例でもある。

　秋―雲関係に準拠してHとWの間に「秋の情景」コンテキストが共有され，〈さんま〉と〈塩焼き〉という連想語が交わされている。二人の間の連想がうまく噛み合って呼応している。CWAでは，連想語が生み出されるコンテキストの共有を媒介とする二人の連想の共作動のことをカップリングという。

　実は，カップル言語連想の「カップル」とは，夫婦や親子，クライエントとセラピストなどの二者の対のことであるが，しかしその根底にはオートポイエーシス理論の創始者であるマトゥラーナとバレーラの「構造的カップリング」理論が想定されている。すなわち，先述のとおり，「カップル」には，二者間に構成される連想システムの「構造的カップリング」を問題にするという意味が込められているのである。オートポイエーシス理論でいうカップリングとは，互いに自律的に作動するオートポイエーシス・システムの連動のことである。

　CWAにおいて，個々の連想語は瞬時に消滅し，次々に別の連想語に入れ替わる。にもかかわらず，産出的作動の連鎖のなかで，連想語間に一定の関係，つまり「構造」が形成される。これが二人の連想を「カップリング相」へ移行させる。その「カップリング相」が「構造」を安定したものにする。こうして「接続関係に構造が形成されること」と「二人の連想がカップリング相になること」との間に産出的作動において閉じた円環的過程が継続する。自己触媒的に「カップリング相」が「カップリング相」を生むという，この閉じた円環的自己創出性こそがオートポイエーシスの本質なのである[15]。

　しかし，このカップリング相はいつまでも続くことはない。やがて何らかの理由で，意図的にか無意図的にデカップリング（脱構築）され，一時的にデカップリング相が生起する。二人のコンテキストの間に〈ずれ〉が生じるのである。先の例では，〈大根〉から〈冬〉，あるいは〈アオ〉から〈馬〉が連想されるとき，デカップリングが起こる。「秋の情景」コンテキストが脱構築されて，互い

Ⅳ．CWA の理論的基礎

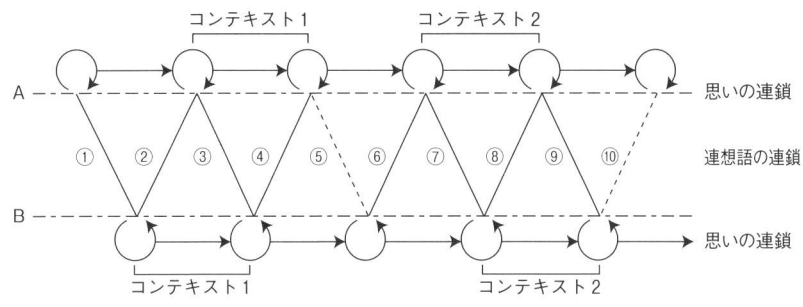

図2　CWA の流れの模式図

に別のコンテキストが模索され合い，新たなカップリング相へ移行するCWA の展開の契機となる（図2参照）。「構造」が産出的作動の過程で全面的に組み替えられるのである。

　CWA の構造分析における主要な関心事は，二人の言語連想間の構造的カップリングである。CWA がカップリング相にあるのかデカップリング相にあるのかは，一連の連想語についてのリフレクティングする会話の結果から推定される。

（1）カップリングの3種類
カップリングには次の3種類が考えられる。

　①刺激語と反応語の隣接対が常識的な意味で概念的に連関しているもの。これはただ反応者の側だけからみたカップリングであって，刺激した側は何らカップリングに寄与していないから，いわゆるカップリングとはいえない。これは片思いのカップリングである。

　②連続している2つの隣接対が関連しているもの。すなわち，刺激語‒反応語（刺激語）‒反応語が常識的な意味で概念的に関連してはじめて二人の間の連想語の相思相愛のカップリングが生じる。隣接する2つの隣接対の関連でカップリングを定義するならば，第三位置の応答がカップリングの決定条件となる。

　③意味連関あるいはコンテキストの共有としてのカップリング。概念的には遠い連合であっても，リフレクティングする会話の結果，二人の間で同じ連想

内容を同じように体験しているという合意が成立していると了解されるならばカップリングとみなす。この場合，同じコンテキストが共有されていると考えられるからである。

（2）カップリングの判定基準（第三位置の応答）：絶えず変化しているクライエントのコンテキストを把握しそれに合わせつづけるためには，セラピストは，何はともあれ仮説検証的な推測にもとづいて連想語を発してみる以外にない。そのセラピストの応答的連想がクライエントのそれとカップリングしているかどうかは，次のクライエントの連想語，すなわち，第三位置の応答で決まる。例をあげて説明しよう。

クライエントの「ニンジン」という連想語に対して多くの選択可能性のなかからセラピストが「ゴボウ」と答えたとしよう。これは，セラピストが「ニンジン」という語をその上位概念である「ヤサイ」のコンテキストで捉えたことを意味する。先行の連想語は後続の連想語の可能性を拘束し，後続の連想語は先行の連想語の意味を枠づけする。しかしこの隣接対ではまだ二人の間の連想がカップリングしているとはいえない。つまり，二人の間で同じコンテキストが共有されているかどうかは不明である。第三位置の応答としてクライエントが「ハクサイ」と語ったとすれば，セラピストが第一の「ニンジン」を「ヤサ

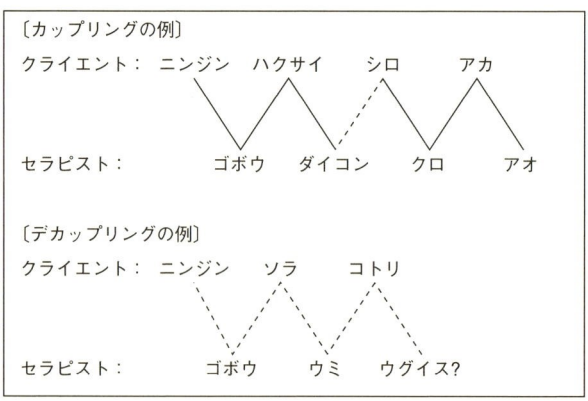

図3　CWAにおけるカップリングの具体的な例示（第三位置の応答）

Ⅳ．CWA の理論的基礎

イ」のコンテキストで捉えたことに承認を与えたことになる。ここではじめて二人の間に同じコンテキストが共有されたことが明らかになる。

次にセラピストが「ダイコン」の語を接続すれば，相互了解は確定する。その後クライエントが「シロ」と「ヤサイ」のコンテキストをデカップリングするかも知れないが，それ以前の「ニンジン」から「ダイコン」までの一連の連想の交流はカップリング相にあったといえる。クライエントの「シロ」に対してセラピストが「クロ」，セラピストの「クロ」に対してクライエントが「アカ」，それにセラピストが「アオ」と応答的に連想したとすれば，この一連の連想のやりとりは，今度は「イロ」をコンテキストとするカップリング相に展開される。

問題は，最初のクライエントの「ニンジン」に対するセラピストの「ゴボウ」という反応に対するクライエントの連想語である。もし「ハクサイ」ではなく「ソラ」と応えたとしよう。これはセラピストの「ヤサイ」というコンテキストを否定したことになる。この第三位置の応答は，二人のコンテキストが離齬をきたしていることを示している。クライエントの「ソラ」に対してセラピストは戸惑いながら何とか合わせようとして「ウミ」と連想するかもしれない。これについてもクライエントは「コトリ」と裏切ったとしよう。二人の連想はまったく噛みあっておらず，デカップリング相にあるといえる。セラピストはクライエントのコンテキストを何とか模索しようと努力しているが，ことごとく裏目に出る。クライエントの連想の流れは表面的にはまったくばらばらで一貫性がないようにみえる。何で「ニンジン」から「ソラ」，「コトリ」なのか，後でクライエントに聞いてみるほかない。クライエントの話から，最近読んだ童話の絵本の中で，ニンジンにハネが生えてコトリといっしょに楽しくソラを飛ぶという物語がクライエントの連想の背景にあるコンテキストであったことが理解できるかもしれない。

この例でわかるように，カップリングが成立しているか否かの決定において，第三位置の応答が決定的に重要である。連想語の隣接対だけでは決定不能であって，第三位置の応答で対のコンテキストが追認されるか否かにかかっている。追認されれば二人のコンテキストが同じであるといえるが，追認されなければ，コンテキストそのものが雲散霧消してしまう。

カップリングで共有されるコンテキストは，むろん，概念的コンテキストに限らない。情動的雰囲気みたいなものもある。連想語として悲しい，虚しい，不安，恐れ，怒り，嬉しい，楽しい，喜びなどの情動語が発せられることは稀ではない。心情連合である。この場合，CWA では，ロジャーズ派の非指示的療法のように相手の感情に共感し，それを受容して同じ語を繰り返しながら，その心情風景を鏡に見るようにクライエントに映し出す（ミラーリング）[51]こともあるが，リフレクションの原理に従えば，クライエントの心情を語として聞き取って，セラピスト自身のなかに生まれてくる語を相手に返すという作業を繰り返すことになる。

4）CWA へのセラピストの参加様式

臨床場面では，二者の対は来談者どうしの夫婦や親子の場合もあれば，クライエントとセラピストの場合もある。セラピストの CWA への参加様式からすれば，外部（非参加）様式と内部（参加）様式の二種類がある。

①**外部（非参加）様式**：来談者どうしのカップルの場合，カップルの二人はお互いにただひたすら直前の連想語を参照しながら次の連想語を〈接続〉するという局所的な過程に従事しているだけである。しかし，彼らが直接体験するこの局所的な接続の継続からしかシステムの全体構造は生まれてこない。外部観察からは，このことの重要性が見落とされがちなのである。CWA の全体構造のパターンは何十回となく繰り返される小規則に従った連想の接続の総和としてはじめて生じるものなのである[15]。この CWA にあっては，セラピストは第三者の客観的な外部観察者の立場から連想の流れを俯瞰してその全体像を読み取っている。

②**内部（参加）様式**：一方，カップルがクライエントとセラピストの場合，セラピスト自身が CWA に従事しており，参加観察者・参与促進者の位置にあって当事者の視点から内部観察的に連想の流れを捉えることになる。セラピストは，外部観察者ではなく，クライエントと同じ CWA の参加観察者の位置にいる。これはオートポイエーシスの特徴である[21]。オートポイエーシス・システムは内部観察によって作動する機構である。この場合，セラピストにも，連想の流れ（連想システム）の全体像など見えていない。それは，CWA について後

からリフレクティングする会話を行う際に，外部観察者の立場で眺めた結果，はじめて事後的に現れるものである。

　筆者は，院生の臨床実習として，クライエント役とセラピスト役の二人一組でCWAを行わせている。クライエント役の方はただ無心に思いつくまま相手の連想語に反応すればよいが，セラピスト役の方には，可能な限り相手の連想にカップリングすること，つまり〈継続〉と〈呼応〉に努めること，および折をみてどこかで意図的にデカップリングして新しいカップリング相に〈展開〉させること，という課題が与えられている。セラピスト役は，みずからCWAに従事しながら内側からCWAの流れを操作しなければならないのであるが，これがなかなか難しい。

5）治療的連想システムのイメージ

　治療的CWAは，下に示す①問題の渦巻き，②CWAの三様相，③渦巻きの展開というCWAの構造的ドリフトの図でイメージできる。

　イメージ図を説明しよう。問題を形成・維持するドミナントな連想は，〈渦巻き〉というオートポイエーティックな問題システムとして表現される。問題とみなされる出来事への観念の〈とらわれ〉が不安や苛立ちなどの否定的な感情を伴う思考の〈渦巻き〉となって，クライエントの心的システムを構成する。セラピストの役割は，CWAに参加・促進することによって，問題にとらわれたク

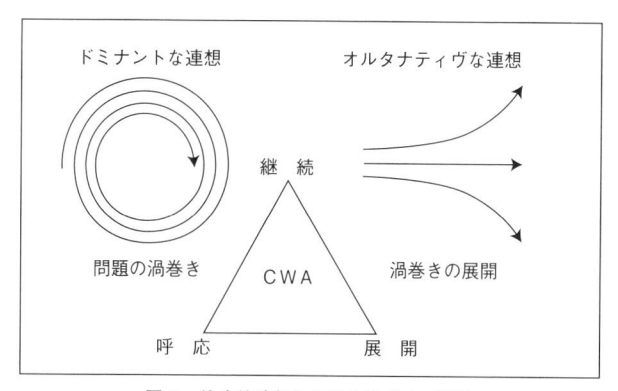

図4　治療的連想システムのイメージ図
継続：局所的接続　呼応：カップリング　展開：コンティンジェンシー

ライエントの連想の〈渦巻き〉をゆるめてオルタナティヴに流れ去らせることである。

CWA の三様相は，継続（局所的接続），呼応（カップリング），展開（コンティンジェンシー）で簡単に要約される。治療原理は，CWA の継続・呼応・展開よって，クライエントとセラピストの間で問題の語りが構造的にナチュラル・ドリフト（自然の成り行き）するように CWA を共同制作することである。

オートポイエーティックな連想システムは，連想の生滅変化の〈継続〉をその本質としている。それには〈呼応〉と〈展開〉が必然的に伴う。継続するためには自己準拠と同時に，環境となる他のシステムとの呼応が前提である。呼応しながら継続しつづけていると，やがて新たな構造の展開が自発する。ただし，CWA の展開は非決定論的であり，どう展開するかをあらかじめ予測することはできない。

継続は構造変化の歴史的現象である。それに対して〈呼応〉はまさに社会的現象である。呼応とは，互いに環境になりあって自律的に作動しているクライエントとセラピストの心的システムが CWA を通じて構造的にカップリングされていることをいう。セラピストの構造的に可塑的なシステムがクライエントのそれとカップリングされている限り，互いに問題が共有され，治療的 CWA が生きて成立しつづける。

展開は，コンティンジェンシーの概念を基盤にしており，選び取られずに，語られないまま排除された事柄のなかに構造的ドリフトを促す重要な契機が含まれている可能性がある。CWA においては，構造的デカップリングの導入にもとづく可塑的なシステム構造の展開が意図されているのである。ふつうセラピストは初発語に託してあらかじめ何らかの治療的構想をもって CWA に臨む。しかし，その初期条件は CWA の開始とともにもろくも無効化される。CWA の進行につれて初期条件は変更されて次々に新たな構想が浮かぶ。その構想に導かれて CWA が展開されるのであるが，結果は最初の初期条件からは予想もつかないものになる。

2．CWAとナラティヴの関連性

　ナラティヴ・アプローチは，オートポイエーティックに「意味を生成する」会話を継続することである。CWAの目指すところは，クライエントとセラピストの二者間の連想のやりとりによって一連の新しい連想システムを共同制作するとともに，それを骨格として肉付けする「リフレクティングする会話」によっていまだ語られたことのない新しい物語構築の可能性を拓くツールを提供することにある。それゆえ，CWAの流れを治療的連想システム，リフレクティングする会話を治療的会話とみなすのである。

　ナラティヴな心理療法の一技法としてなぜCWAを提案するのか，という当然の疑問に答えておかなければならない。フロイトにしろユングにしろ，やり方は異なるものの，いずれも自由連想を無意識のマスター・ストーリーを開くための有効な手段として用いている。同様に二者間の自由連想ではあるが，CWAもいまだ排斥されたまま心の底にある深い思いを沈黙に支えられながら言葉に浮かび上がらせる働きがあるのではないかと仮定される。そこに，思わぬ会話の展開が生じる可能性を期待しているのである。

　しかし，「現に語られた物語はいつでも別様に語り得るもの」である。語りはつねに語り換えの可能性を前提にしている。ここに，クライエントのいまだ語られていないオルタナティヴ・ストーリーを語らせる物語的支援の根拠がある。ただし，「現に語られたということは，別様には語り得ていない」というのが事実であるから，語り換えをクライエントに性急に要求すべきではない。そのようにしか語れない現在のクライエントの気持ちを十分に汲み取ることに配慮しなければならない。7頁で，「T－CWA法の目的は，差し当たりそれがどのような治療的効果をもつかは問題にしない」と述べたのは，このことを配慮してのことである。

1）行き先を定めぬ「不断の連想」

　アンダーソンのいう「コラボレーション」とは，クライエントとセラピスト間の会話による新しい物語の共同制作のことである。コラボレーティヴ・アプ

ローチでは，クライエントが語る言説をセラピストが聴き取って，自分自身のなかに生まれてくる言説を返すという言説のやりとりの繰り返しによって，クライエントとセラピストの間でこれまでにない新しい言説を共同で再構成していくことを会話の基本的前提とする。コラボレーティヴ・アプローチの主要な治療スタンスが「無知の姿勢」である。これは，刻一刻と変化しつづけているクライエントの経験を興味をもって学びつづけるというセラピストの姿勢のことである。「無知の姿勢」は，既成の理論や病理モデルを念頭に置いたり，あらかじめ用意された治療テクニックをもってクライエントに当たるのとちょうど対局に位置するスタンスである。

　CWA は，原理的にはこれとまったく同じことを二者間の言語連想でやろうとしている。CWA において，セラピストは，クライエントの内面の連想に深い関心を寄せ，いまだ語られていない新しい連想との出会いを求めて，クライエントとコラボレートしながら行き先を定めぬ「不断の連想」に身を委ねる。治療的連想では，セラピストは，直前のクライエントの連想語に突き動かされて，今発せられた連想語の背景にあるコンテキストを探りたいという欲求から生まれる連想語で応じる。セラピストの専門性は CWA の空間を押し拡げ，CWA のプロセスを促進することにある。

　その際，セラピストは CWA の「共同参加者」であり，直前のクライエントの連想語のコンテキストを探りながら応答しつづけるしかなく，あらかじめ定めたマニュアル的な連想をすることなどとうていできない。当然，セラピストの連想語はクライエントがその時その場で発した〈ローカル〉な連想語に拘束されることになり，CWA はローカルなボキャブラリーにならざるをえない。リフレクティングする会話のなかでも，二人の間で発展するその時々に存在しているローカルな解釈や意味を対話を通じて共同で創造することになる。

2) リフレクションの概念

　アンデルセンのいう「リフレクション」とは，「相手の言葉を聞いて，それについて考えをめぐらせ，それを言葉にして相手に返す」作業のことである。返された相手はまた「その言葉を聞いて考え，その考えを言葉にして相手に返す」。「聞いて考えて話す」というリフレクションの作業が二者間で自己回帰的

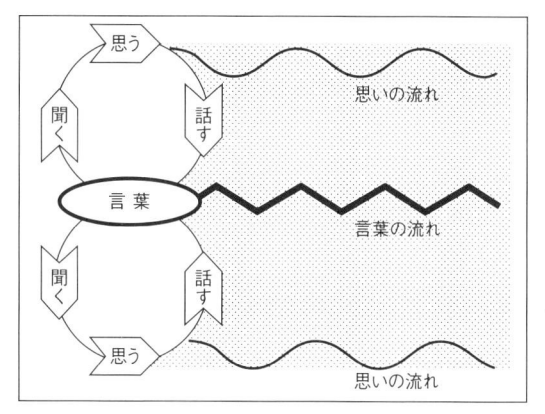

図5　CWAの自己回帰的リフレクション

に繰り返される。この双方向的な自己回帰性の循環，つまり重層的リフレクションによって，お互いに自分の考えを再考し，しだいにコラボレーティヴな会話が深まっていく[51]。

　CWAでは，「聞く・思う・話す」というリフレクションの作業が二者間で双方向的に繰り返される。そのやりとりによって相互に自己回帰的リフレクションが深まることが意図されている。リフレクティング・プロセスでは，CWAの参加者はつねに意味の円環の内部にとどまってかわるがわる「聞き手」と「話し手」の2つの役割を交替するのである。

　ただし，ここで，〈考え〉を〈思い〉に変えているのは，次の理由による。〈考え〉は精神機能の知的側面であり，認知機能だけが強調されているという印象を与える。しかし，〈聞く〉と〈話す〉を媒介する精神過程には知的側面のみならず，当然情緒的側面も付随している。ここで使う〈思い〉には，〈情を伴う考え〉という意味が込められているのである。

　アンデルセンは，リフレクティング・プロセスにおいて治療チームの話し合いの内容を家族に公開する双方向的な「公開性の原理」の重要性を強調している。CWAの「リフレクティングする会話」においても，セラピストはクライエントの連想語の内容を一方的に聴き取るばかりでなく，みずからの連想語の内容についても素直に自己開示すべきである。そうでないと尋問調の聴き取りだけではリフレクティングする会話は治療的会話としてコラボレーティヴに展開

しない。CWAにおける「公開性の原理」である。

3）語りの二要因

　クライエントの語るドミナント・ストーリーの主要な2つの規定要因は，社会に一般に通用しているソーシャル・ストーリーと人生の早期にクライエントの無意識に刷り込まれたマスター・ストーリーとである。語りはつねに社会的側面と歴史的側面から把握されることが重要である。

　ここで，ソーシャル・ストーリーとは，精神病理的症状や問題行動，あるいは発達障害などに対するスティグマ観（蔑視と汚辱の烙印）に彩られた言説のことである。世間一般には，「障害児のいる家族は不幸だ」，「問題はあってはならないもの」，「症状は治療によって克服されるべきもの」といった社会的にごく当たり前のこととして自明視されている社会通念がはびこっている。その言説がクライエントの語りの背景に潜在している。このソーシャル・ストーリーに抵抗を感じ，それが受け容れ難いのであれば，それに語らされていることにクライエント自身が明確に気づくことからはじめなければならない。

　一方，マスター・ストーリーとは，人生の初期の重要な対象関係，主として母子関係を通じて下書きされ，心の深層に刷り込まれたものである。これがその人の人生の通奏低音となり，後に人生の同じような場面で同様の主題の変奏曲が繰り返し奏でられる。マスター・ストーリーが現在もクライエントの思考，感情，行為に自覚されないまま無意識の内に影響力を及ぼしているのは，それが今なおみずからに語りつづけられているからである。

　精神分析や分析心理学において精神の深層レベルのストーリーを探るための投影法として自由連想法が用いられてきた。ユング型の言語連想検査も無意識のコンプレックスを顕現化させる有力な方法ではあるが，これは物語的接近法には不向きである。なぜなら，WATは，セラピストが提示する刺激語とクライエントが応える反応語を一対として1回1回が不連続に分離しており，そこには物語生成の基盤としてのクライエントとセラピストの間の関係性が欠如しているからである。その点，CWAは関係性と継続性，深層性を備えており，きわめて物語論的ということができる。なにしろ，もともとCWAは互いの語りを深層レベルから展開するツールとして開発されたものであるから。筆者の基本

的仮説は，CWA の過程においてセラピストがカップリングに心がけながらクライエントの連想を連想し直しつづけていると，何気なくふと思い浮かぶ互いの一連の連想語のなかにソーシャル・ストーリーやマスター・ストーリーのひこばえが垣間見られるのではないかということである。それらをリアルタイムで捉える方法として CWA を活用しようとしているのである。

3．CWA の臨床語用論

　心理療法にはいろいろな学派や立場があるが，いずれも言語を治療の有力な道具として用いている。たとえ，非言語的コミュニケーションを重視する立場であってもそうである。たとえば，ラカン，J. が「言葉は治療において，特別な癒す力をもつ」というように，欧米では「ロゴス」の治療的な力に対する信念がとくに強いように思われる[41]。

　1990 年に前後して『現代のエスプリ』誌において臨床言語論もしくは語用論関連の論文が特集されて以来（北山・妙木：1989，長谷川：1991），どのような臨床活動であれ，日常言語の活用，運用，あるいはその使用を抜きにしては果たしえないことが自覚されるようになり[27]，わが国においても臨床における言語の機能とその使用法について大きな関心が寄せられるようになった[26]。

　精神分析の領域では，シェーファー，R. やシャピーロ，Th. の臨床言語論をもとに，北山や妙木らが臨床における日本語の日常言語の意義について独自の論を展開している。一方，長谷川と若島らは，家族療法を中心に治療的に発展を遂げているベイトソン，G. の「二重拘束理論」[7]やワツラウィック，P. らの『人間コミュニケーションの語用論』[67]にもとづいて，言語使用のあり方の重要性を力説している。いずれも臨床語用論の重要な主題を取り上げている。妙木（1989）の指摘によれば，精神分析の語用論には，認知的側面と行為的側面の 2 つの側面がある。精神分析における解釈や洞察は，どちらかといえば語用論の認知的側面と関係が深く，家族療法の語用論はもっぱら行為的（プラグマティック）な側面を扱っている。

　語用論とは，誰が誰にいつどこで何をどのように語るかを前提に，言葉が相手の思考，感情，行動（語り）をどのように拘束し，相手の応答が最初の発話

者のそれにどのように影響するか，という言葉の行為への相互影響・相互拘束を取り扱う理論のことである。臨床の語用論は，臨床場面で交わされるクライエントとセラピストとの間の言葉の使い方とその機能に焦点を当てる。言うまでもなく，CWA は二者間の単語の交換によって成り立つ会話であるから，臨床語用論的視点を等閑視することはできない。そこで，CWA と臨床の語用論との関連に簡単に触れておこう。

1) 連想語の語用論的機能

CWA は二人の間で交わされる自由単一連想であるから，その従うべきルールは次の4点に要約できる。

①二者間で相手の連想語を聞いて思い浮かんだことを1つの単語で相手に返す。

②多語文で反応してはならない。

③同じ人が2度つづけて発語してはならない。一回に一語，交互に連想する。

④終わりが告げられるまで，止めてはならない。

CWA に参加している二人の間では，このルールが共有されており，あらゆる連想語は必然的に相手の連想語を引き出すという言語ゲームの機能を有する。これが連想語の語用論的機能である。ここで，ゲームとは，一定のルールに支配された行動（語り）の継続のことである。CWA では，クライエントには終了時点はあらかじめ知らされていないのであるから，無限ゲームの様相を呈し，相互のやりとりの継続と展開だけが問題となる。

1つの連想語は，直前の相手の連想語に対する反応語であると同時に，直後の相手の連想に対しては刺激語となる。CWA は，起こり得るあらゆる可能性の中からその一瞬一瞬互いに1つの連想語を選び取り，それ以外の可能性を排除しながら，連想語が連想語を生むという形で自己言及的に連想の産出を継続する。ベイトソンの「拘束」の概念に倣えば，「任意の連想語はそれを受け取る者の連想を一義的には決定しないが，その選択の幅を制限する」のである。ただし，連想という行為を拘束するのは，連想語そのものというよりは，その意味である。意味によって連想は拘束されるのである。連想語の意味はコンテキ

ストによって与えられるが，そのコンテキストは連想語が2つ以上接続することによって生まれる。二人のコンテキストが相互規定し合うなかで意味は社会的に構成される[13]。要約すれば，CWA においては，先行の連想語が後続の連想語の可能性を拘束する。と同時に，先行の連想語の意味は，次にどのような連想語が接続されるかに規定される。個々の連想語は，「後続の連想語の産出の拘束」と「先行の連想語の意味の枠づけ」という2つの語用論的機能を果たしているのである。

2）CWA の5つの公理

　家族療法におけるコミュニケーションの語用論は，ワツラウィックらのコミュニケーション理論に起源をもつ。そこにあげられている公理になぞらえて，CWA の5つの公理を述べるならば，次のようなものになる。言うまでもなく，これはワツラウィックらの公理とよく似た表現ではあるが，同じではない。

　第一公理：CWA という設定の中では，二人の参加者は連想しつづけないわけにはいかない。
　第二公理：すべての連想語は，その語が独自にもつ内容の側面とそれ以前の連想語との関係でコンテキストを生む側面をもっている。後者は前者の意味を枠づけするメタ・コミュニケーショナルな機能を有する。
　第三公理：CWA の筋（プロット）は，連想の流れのパンクチュエーション（区切り方）を条件とする。
　第四公理：CWA は，言葉（ディジタル）と沈黙（アナログ）から成り立っている。言葉は沈黙から生まれ，逆に言葉なしに沈黙は存在しえない。
　第五公理：すべての CWA は，カップリングかデカップリングのいずれかの相にある。カップリング相は同一もしくは類似したコンテキスト内の連想であり，デカップリング相は異なるコンテキストへの連想の飛躍の契機となる。

前項の語用論的機能としての「拘束」の観点から，CWA は相互作用であるがゆえに，相互に連想を拘束し合い，カップリングしながら，CWA の連鎖を形成しつづける。だが，送り手の連想語に込めた意味内容（コンテント）は必ずしもその通りに受け手に受け取られるとは限らない。そこに，二人の間の連想に亀裂や裂け目が生じる。CWA の流れにしばしば見られるデカップリング相である。この裂け目で沈黙が起こりやすい。想定外の偶発性に戸惑い，言い淀んでしまうからなのであろうか。しかし，この意味のズレが「ゆらぎ」となって CWA に新たな展開をもたらす契機となるのである。

　したがって，CWA にはある程度の〈間〉が必要である。間を取りながら，互いに連想語を交わすことによって，1つの物語，1つの共同世界が創造的に拓かれてゆく。言葉がまったく思いもよらぬ言葉と結びつき，さまざまな思いつきを喚起し，新しい発見をもたらす。これが沈黙の語用論的効果というべきものであろう。森岡（1989）は，沈黙の語用論的活用，すなわち〈安らぎの沈黙〉，〈創造的沈黙〉の活用を治療者に薦め，要約すると，「親しい気持ちで〈沈黙〉の場に身をおくことができるならば連想がすすみ，〈語らぬもの〉が語り出す」[40]というようなことを述べている。ただし，連想語が不用意に「語りえないもの」に触れるとき，言い淀みとしての沈黙が生じることがある。

　CWA のプロットを読むためには，その流れに区切りを入れ，小さなまとまりを作っていかなければならない。そのとき，デカップリングする連想語がキーワードとなってパンクチュエーションの重要な手掛かりを与えてくれる。

3）CWA における連想語の運用法

　臨床の語用論は，ふつう日常言語の臨床的に有効な言葉の使い方を扱っている。しかし，CWA は文章的構造を一切抹消した一語文のつらなりである。ただ，個々の連想語は，相手の連想語と関連づけて，あたかも禅問答でもやっているかのように，「X なら Y，Y なら Z」と二語文を構成していると考えることができる。

　このような特徴をもつ CWA に臨床語用論がどのように適用できるかを探ることは CWA の実践にとって基本的課題となる。ベイトソンの拘束理論との関連については前節である程度論じたので，本節では，妙木（1989）が精神分析

の臨床言語論においてその発見と使用の重要性を強調しているキーワードとメタファー，およびそれに加えて，ブルーナー,J.（1989）の現実の仮定法化を主として取り上げることにする。妙木は，キーワードとメタファーの関係について，「キーワードはある体験についてのメタファーであり，治療のなかで発見的に使われるメタファーは，きわめて重要なキーワードになる」[42]と述べている。

（1）キーワード：CWA は本来「ばらばら」な連想語のつらなりである。その連想語の流れは，生のままでは意味が通じない。それを「まとまり」のあるものとして読む CWA の解釈には，パンクチュエーションによるカップリング相のプロット化の作業が必要になる。このパンクチュエーションにおいて，意味の亀裂を生ずるキーワードが重要な働きを果たす。臨床語用論の視点からは，CWA のキーワードとして，CWA を開始するための初発語とそれに対するクライエントの連想語，CWA を締め括るための治療者による最後の終結語，および途中の CWA を展開させる数個の連想語に焦点を当てることになる。

具体的な例をあげる。これは信仰心の厚い60歳代の男性 N と筆者 T とで行った CWA の結果の一部である。初発語として「祈り」を用いた。「祈り」は信仰者にとってもっとも根本的な言葉の1つと考えられるからである。これに対する N の第1反応は N 1「敬虔」（反応時間はおよそ1秒）であった。即座に応答していることがわかる。これに T は T 1「畏れ」（約3秒）で応じている。神に対する「畏れ」の意味である。ここまではお互いに調和した言葉で想定内のコンテキストが共有されている。

ところが，次の N 2 は「避けたいこと」であり，意味の亀裂が生じている。反応時間は59秒もかかっている。N のリフレクティングする会話によれば，「〈畏れ〉もチラッと頭をかすめないわけではなかったが，〈恐れ〉や〈怖れ〉などいろいろと考え，結局は〈恐れ〉に反応した」ということであった。同音異義語によるデカップリング現象である。これに対して T 2「不幸」，N 3「あってはならないこと」とつづくが，T は T 3「でもある」と対抗言語的に反応した。

対抗言語とは北山（2001）が提唱した概念で，彼によれば，臨床言語論の基底には，治療者と患者が織り成す同調する言葉と対抗する言葉とがあるという。かたい話にはやわらかい話というぐあいに患者の話し方に対抗して治療者

の話し方が生まれてくることがある。これが対抗言語である。

　T3の「でもある」という対抗言語的連想語にNはN4「受け入れる」と応じた。これはこのCWAでもっとも重要なキーワードの1つである。「(神の与え給うた試練として)不幸は甘んじて受け入れる」というNの深い信仰心に裏づけられた心情であろうか。その後, この連想語を受けて, T4「安心」, N5「あたたかさ」, T5「愛」, N6「伝えたいこと」と「あたたかい愛」をプロットとするカップリング相が継続する。「愛を伝えたい」というところにもNの信仰者としての信念が如実に現れているように思われる。

　これと同じパターンがCWAの最後で繰り返されている。T27「大切な人」—N28「家族」の連想対に対して, TはT28で「憎しみ」と「家族には愛だけではなく憎しみもある」と対抗言語的に反応したところ, NはN29で(憎しみは)「忘れる」と発話した。その後は, T29「ほっとする」, N30「落ち着き」とカップリング相がつづき, 最後の終結語はT30「ひとつになる」で締め括られている。むろんこの終結語は「自分を超えた大いなるものと一体になる。そこに真の意味の安心とか落ち着きが得られる」というまとめの意図が働いていたが, この終結語が浮かぶためにはほぼ1分間の沈黙を要した。

　(2) メタファー:CWAには, たとえば,「黒」に対する「白」, あるいは「喪」のように, 単なる言語連合の場合と背後に何らかの隠された意味を含む場合とがある。CWAの解釈にとって問題になるのは, むろん後者である。

　メタファーは言葉の両義性の上に成り立つ。北山(1989)は, メタファーを「意味(言葉以前のもの)を言葉に有機的に織り込む行為」(比喩化)と言っている。身体的な言語「吐き気」が心理的な言語「嫌悪感」を意味するように, 言葉がメタファーとして機能するとき, その意識的な意味と無意識的な意味とが橋渡しされる。その橋渡しをするものはアナロジー(類比)である。

　CWAでは,「人生」という刺激語に対して「旅」と連想されることがよくある。「人生は旅である」という慣用句が影響してのことと考えられるが,「旅」が「人生」の比喩として使用されているのである。「旅行」と反応された例はまだ知らない。「旅行」では, 適切なアナロジーではないからであろう。「旅行」には, 目的と計画に従って予定通り実施されるというニュアンスがあるが, 昔

の「旅」は，何が起こるかわからない驚きの連続であったろうし，人生の思い通りにならない偶発性をうまく譬えている。

　精神分析の解釈の特徴は，神経症の症状を無意識的意味のメタファーとして捉えるところにある。若島（2001）は，ソシュールの構造言語学を利用して，精神分析による治療過程を「症状というシニフィアンが意味する真相あるいは深層の意味（シニフィエ）を解釈し，それを言語化（つまりシニフィアン化）することで，症状を無意味化すること」[65]であると説明している。むろん，シニフィアンに対するシニフィエは唯一ではなく，その言語化も多様な仕方がある。

　実は，CWAを読むときも，この両義性を合わせもつ言葉を発見して使用することが臨床的に有効であると考えられる。連想語は無意識的意味（語られざるもの）のメタファーであることがあるからである。メタファーの使用によって，CWAは，内容豊かなものになる。

　妙木（1989）は，「XはYである（男は狼である）」という発言が「XはZである（男はいやらしい）」という意味を表現することをメタファーの基本型としている。つまり，「狼」が「性的嫌悪感」の比喩になっているのである。先にも述べたとおり，CWAの1つひとつの連想語は一語文であるが，二者間の連想語はひとつらなりになっており，二語文を構成しているとみなすことができる。AのX（男）という連想語に対してBがY（狼）という連想語で応えたとする。そのときのBの観念連合は「男（は）狼（である）」と言ったことと同じであると考えてよい。このY（狼）をZ（性的嫌悪感）のメタファーかもしれないと推測することが，CWAの解釈となる。むろんメタファーは一対一対応ではないから解釈には注意を要する。そのために，リフレクティングする会話で確認する作業が必要なのである。

　つぎに，Bの「狼」に対してAがその背景にある意味（語られなかったもの）を推測して「いやらしい」という連想語で応えるか，単なる概念の連想で「動物」とか「怖い」と応えるかで，CWAの深まりぐあいが異なったものになる。セラピストの感受性が問われるところである。メタファーから，その背後にある「語られなかったもの」の複雑な綾を感じ取ってセラピストが瞬間的に反応するのはきわめて熟練を要する作業である。

（3）**現実の仮定法化**：前述のメタファーの項であげた「狼」は自分の内面の語られなかった意味（性的嫌悪感）のメタファーとして例示したものであった。しかし，もう1つのメタファーのあり方として，CWAでは，とくにセラピストの側で相手のメタファーを推測するという行為がつねに伴われる。たとえば，「相手は〈男〉を〈いやらしい〉という意味で用いたのかもしれない。もしそうであるならば，そのメタファーとして〈狼〉と応えておこう」といった例がそうである。ここではZ（相手の語られない意味）を推測して，その仮説的・可能的意味のメタファーとしてY（狼）と応答しているのである。同じ「男」―「狼」という連想ではあるが，前者の自分の内面の意味のメタファーと後者の相手の内面の意味のメタファーとではCWAの解釈は当然異なる。

『可能世界の心理学』[8)]において，ブルーナーは，物語の発話行為の特徴に「仮定法化された現実（subjunctivizing reality）」をあげている。仮定法とは，「その形式が想像された行為や状態をさすために用いられ，したがって……可能的であったり，仮定的であったり，予期的であったりする出来事をあらわすのに用いられる叙法」である。やまだようこ（2000）によれば，「仮定法」の実際の語り方は人によって違っているが，その基本構文は「もし……したら，……かもしれない。だったら……しよう」[68)]という形式になる。したがって，CWAには，相手の連想語の意味を推測するという過程が必然的に伴われるから，「……かもしれない。だったら……しよう」という仮定法化の基本構文が有力な語用論として効果を発揮すると考えられる。

前述の事例では，T2「不幸」（は）N3「あってはならないこと」であるが，現実にはT3「でもある」かもしれない。だったらN4「受け入れる（よう）」という流れのなかに，連想の仮定法化が働いている。CWAの最後の部分にもこれと同じような仮定法化がみられる。T27「大切な人」はN28「家族」であるが，現実には家族にも愛だけでなく，T28「憎しみ」もあるかもしれない。もしそうであれば，N29「忘れる（よう）」というパターンである。CWAの根底には，互いの内面の想定世界（assumptive world）や可能世界（possible world）の推測がつねに働いているのである。語用論的には，仮定法化という言語の運用によって仮想の連想世界を作り出し，CWAを継続していると考えられる。

V.
データ処理法の例示としての事例報告

　CWA の結果の分析と解釈のやり方を具体的に例示するために，以下，異なる症例に T－CWA 法を適用した 5 つの事例を報告する。
　事例 1：知的障害者（参加試行）
　事例 2：ひきこもりの両親（非参加試行）
　事例 3：うつの夫婦（非参加試行）
　事例 4：高齢者（参加試行）
　事例 5：臨床語用論との関連（参加試行）
　ここで，参加試行とは，クライエント（被験者）とセラピスト（実施者）をカップルとして CWA を実施するものであり，非参加試行では，夫婦，両親，または親子などの来談者どうしがカップルとなって言語連想を行う。セラピスト（実施者）は言語連想には参加しない。ただし，この場合もリフレクティングする会話には会話の促進役としてセラピストが参加する。

事例 1　知的障害者に T－CWA を適用した一事例報告（参加試行）

　T－CWA 法を知的障害者に適用した参加試行の一事例をデフォルメして報告する。このデータは，Z 学園（知的障害者入所更生施設）で大学院生の臨床心理実習を行った際，利用者本人と施設長の了解を得て実習生が実施した結果である。なお，本事例は T－CWA 法が知的障害者にも適用可能かどうかを調べる最初の試みだったので，言葉の使用が可能な中等度の知的障害者を対象とした。また，クライエントとその家族についての聞き取りについては施設長と担当の支援員の協力を得た。

目　的

本事例の研究目的は，知的障害者とのラポールと会話を促進するために，T－CWA法が適用可能であるか，またそれがどの程度有効であるかを調べることであった。

方　法

1) 場　　所：Z学園の相談室
2) 実施月日：200X年9月中旬
3) 所要時間：30分48秒（CWAの連想時間：11分26秒，リフレクティングする会話：19分22秒）
4) 実施者T：50歳代の女性（院生）。T－CWA法の実施は熟練を要するが，実施者Tは修士論文研究で高齢者に対して実施した経験がある。クライエントとは2回目の面接時に実施した。

   クライエントC：20歳代の女性。入所当初の精神科医による診断では，IQ 46（鈴木ビネ），療育手帳B2。不安神経症を合併する中等度知的障害者。対人関係の不安が強く，情緒不安定になることがあるため，抗不安薬を服用。

   ①既往歴：中学校の仲良し学級在籍中，いじめに合い，登校拒否ぎみであった。中学卒業後は在宅。
   ②家族構成：父，母，妹の4人家族。妹は知的障害を伴う精神障害（統合失調症）。きょうだい関係は不仲。
   ③施設入所の経緯：母親は，同一敷地内に住む病気がちの祖父母の世話と妹の看病で疲れ果て，また本人の将来に対する不安から，母親の希望で本人20歳時に施設入所。
   ④入所時の様子：家族との分離不安から，入所当初は非常に情緒不安定で，1週間後の成人式の時には手がつけられないほどの激しいパニックを起した。

   　集団行動が苦手で，他の利用者との交友は一切断ち，車の移動や食事，入浴，作業などは支援員に介

助されながら一人で行っていた。レクリエーションもみんなの輪から離れて支援員と見学していたが，やがて音楽には参加するようになった。行事への参加も不安が強く，支援員が付きっきりで細やかな支援を行う必要があった。

⑤現在の状態：施設の生活にも慣れ，支援員に対する信頼と安心感から，入所後ほぼ１年間ほどでしだいに落ち着いてきた。７年間が経過した現在では，入所時に示した行動問題はほとんど解消し，穏やかな表情で安定した日常生活を送っている。毎週週末には帰宅。

ただ，対人関係や交友関係は現在でも消極的で，自発的に自分から他者に話しかけることは稀である。少数の決まった女子利用者からの呼びかけには遠慮がちに話すことができるようになっている。

５）T‐CWA法の実施

T‐CWA法の実施は標準的な手続きに従った。ただし，初発語の選択は前日の初回面接の会話のなかで行われた。この時は，幸い実施者が母親と年齢が近かったせいか，初対面であるにもかかわらず，クライエントはあまり緊張もなくほぐれた表情でお話ができた。その折の会話で，「趣味は音楽である」という話が出たので，「音楽」を初発語として選択した。

また，知的障害者に教示する場合，通常の標準的な言葉では適切でないので，クライエントにはこの趣旨をかなり噛み砕いて具体的な例を交えながらふつうの会話でわかりやすく伝えた。教示のあと第２段階の予備練習を行ったが，連想語を単語ではなく多語文で答えたため，単語で答えてくれるよう再度お願いした。WAT（ユング型の言語連想検査）においては，低年齢児や知的障害者は多語文で答える傾向がある[52]。

本番のCWAの実施は期待したよりもスムーズに進行した。連想反応時間にもそう大きなゆれはなく，リフレクティングする会話では，中盤の頃から説明するときに身振りがでてきたり，笑いがでたりとリラックスしていた。会話の内容としてはやや単調で平板な面はあったが，楽しみながら一生懸命参加して

いた。

以後，クライエントをC，実施者をTと略記する。

結　果
1）CWAの内容分析

（1）**連想時間の分析**：Cの平均反応時間は $M = 11.13$ 秒（$SD = 8.40$）で，Tのそれは $M = 11.71$ 秒（$SD = 5.31$）であった。両者の反応時間の平均値間に有意差はない（$t = 0.314$, $df = 58$, ns）。SD の値はCの方が大きく，Tと比べて5秒以下の速反応が多く（8：2），逆に20秒以上の遅反応も多かった（6：4）。この結果はCの方が連想時間の変動が大きいことを表している（図6.参照）。しかし，この程度のゆれは正常範囲であり，異常性の証拠とはならない。遅反応と連想語の間の関係を精査したが，何らの関係も読み取れなかった。一番長い遅反応はT9の「うれしい」に対するC10の「笑顔を感じる」（40.02秒）であるが，リフレクティングする会話からもその間何が起こっていたのか推測不能であった。残念ながら，このケースでは，遅反応と沈黙の深さとの関連性は立証できなかった。

（2）**連想語の分類**：連想語の分類は，第Ⅲ章第3節で述べた分類基準に従った。

初発語の「音楽」は，「好きなもの－音楽」の対から例示語（Ci）とした。図7をみると，CWAにおけるCとTの連想語の出現頻度は似ている。いずれもEpとCiの頻度が高い。χ^2 検定の結果，$\chi^2 = 10.80$, $df = 7$, ns で，有意差はない。ただ次に頻度が高いのは，CがCsであり，TはCmである。Cの「ほぐれる」，「よく見える」などの状態や状況を示す語はCsに分類した。Tは「ばんざい」，「手を合わす」など習慣的な動作反応（Cm）をすることが多かった。同義語や反対語は同位連合としてCiに分類したために，言語連合（Cw）はCが0，Tが1ときわめて少なかった。ただ，頻度は少ないが，Cの2つのEwは中間の「このままでいたい」と最後の「うらやましい」であり，後述するとおりこのCWAにおいて重要な意味をもつ連想語であった。C, Tいずれにおいても否定的感情連合（En）と自我連合（Ee）はみられず，CWAがとてもよい感情的

V. データ処理法の例示としての事例報告

初発語「音楽」(Ci)

反応時間(秒) C		連想語	分類	分類	連想語	反応時間(秒) T
	3	1 音がきれい	Ep	Ci	1 風鈴	7
	5	2 涼しい	Ep	Ci	2 山の中	7
	3	3 自然	Ci	Ep	3 のびのび	6
	4	4 リラックス	Ep	Ci	4 お風呂	5
	5	5 気持ちがいい	Ep	Ep	5 ゆったり	14
	4	6 のびのび	Ep	Cm	6 背伸び	5
25		7 ほぐれる	Cs	Ep	7 すっきり	10
	6	8 さわやか	Ep	Ci	8 秋の風	10
	6	9 癒される	Ep	Ep	9 うれしい	10
40		10 笑顔を感じる	Ci	Ep	10 幸せ	9
20		11 このままでいたい	Ew	Ep	11 さわやか	23
	7	12 心地よい	Ep	Cm	12 ばんざい	17
	5	13 楽しい	Ep	Ep	13 るんるん	8
	7	14 いい気持ち	Ep	Ci	14 お母さんの膝	17
23		15 丈夫	Cs	Cw	15 長持ちする	21
	4	16 便利だな	Ci	Ci	16 助かる	16
13		17 役立つ	Ci	Ep	17 ありがとう	8
	8	18 感謝	Ep	Cm	18 手を合わす	25
11		19 拝む	Ci	Ci	19 朝日	10
	7	20 目が覚める	Cs	Cs	20 ばっちり	9
10		21 よく見える	Cs	Cs	21 はっきり	9
	8	22 よく聞こえる	Cs	Cm	22 耳をすます	11
	9	23 すがすがしい	Ep	Cm	23 深呼吸	11
12		24 空気がいい	Ci	Cm	24 息いっぱい吸い込む	10
11		25 吐き出す	Ci	Ci	25 愚痴	8
21		26 困る	Ci	Ci	26 首をひねる	20
	7	27 犬	Ci	Ep	27 かわいい	8
10		28 動物	Ci	Ci	28 家族	18
25		29 1つになる	Cs	Ci	29 仲よし	10
18		30 うらやましい	Ew	Ew	30 そうなりたい	12

図6　CWAの連想語，その分類と反応時間

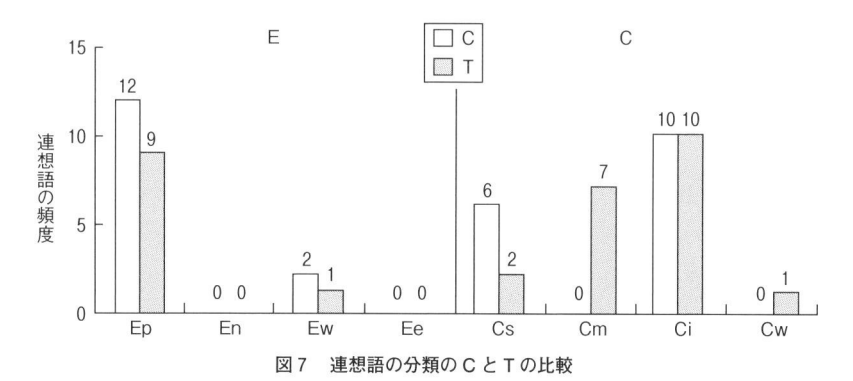

図7　連想語の分類のCとTの比較

表1　連想語の分類の隣接対による比較

T \ C		E				C				Ui	Tの計
		Ep	En	Ew	Ee	Cs	Cm	Ci	Cw		
E	Ep	3 6		1 1		1		4 2			9
	En										0
	Ew			1							1
	Ee										0
C	Cs					2 2					2
	Cm	4 2				1 1		2 4			7
	Ci	5 4		1		1 3		4 3			10
	Cw					1		1			1
Ui											0
Cの計		12	0	2	0	6	0	10	0	0	30

雰囲気のなかで行われていたことが推察される。

　連想語の隣接対の結果からも同じことがいえる。CとTの隣接対では，Ep−Epの組み合わせが多いことが注目される。これは両者が互いにEpの連想語に対してEpで応えたことを意味する。とくにCがそうである。Ci−Ciマスの数もCとTが互いにCiに対してCiで反応したことを表している。表の左下側にあるEp−Ciマスの4と5の数は，TのCi連想に対してCが4回Ep連想を行ったこと，逆にCのEp連想に対してTが5回Ci連想をしたことを表している。このCiの多くは例示語である。たとえば，「風鈴−涼しい」の「涼しい」はEpであるが，その逆の「涼しい−風鈴」の「風鈴」はCi（例示）に分類される。例示語のCiはその直前の刺激語の具体的表現である。一方，右上のCi−Epマスの2と4の数は，TのEp連想に対してCが2回Ci連想を行い，CのCi連想に対してTが4回Ep連想したことを示している。TはCのCi連想に対してもかなりEpで反応していることがわかる。これはTのCi連想に対するCのEp連想と同数である。Ep−CmマスのTの4回のCm連想は，たとえば，「心地よい−ばんざい」のように，Cの肯定的感情をTは習慣的動作で表現している。Ci−CmマスのCの4回のCi連想では，Tの習慣的動作に対してCは，たとえば，「手を合わす−拝む」などの同義，あるいは「首をひねる−犬」例示，

「深呼吸 - 空気がいい」知的評価などの Ci で反応している。

　これらの連想時間と連想語の分類の結果からは，不安神経症を合併した知的障害者という診断にもかかわらず，C の連想は健常者と変わらず，まったく異常な所見は見当たらない。このことは了解不能な Ui 連合が 0 であったことからも推測される。

2）CWA の構造分析

　以上の内容分析は CWA の基礎的分析として必ず実施しておいた方がよい。だが，メインは CWA の構造分析である。連想語の流れをストーリーとして読む作業が CWA 分析の中心課題である。CWA の臨床的解釈はこれだけでも十分である。

　初発語の「音楽」に対して，C は，C 1「音がきれい」と肯定的な感情語で応答し，リフレクティングする会話で「好きだから」，「楽しいし」，「癒される」と述べている（資料参照）。「きれい」という C の感性が，その後の C 14「いい気持ち」まで継続する長い第 1 カップリング相の流れを方向づける決定因となっている。そのプロットは「心地よく，幸せな気分」とでも名づけられるもので，二人の間の CWA はのびのびとさわやかな感情で満たされていたと思われる。それは C 11「このままでいたい」という C の連想語で象徴的に示されている。CWA の過程がリラックスした雰囲気でよほど居心地がよかったのであろう。幸せのなかに身を浸していたいという思いは，C の置かれている現状を鑑みるとき，C にとっての切実な願いであり，強い憧れの表明でもあると考えられる。これは，この CWA のなかでもっとも注目すべき連想語の 1 つである。また，「のびのび」は T 3 と C 6 で，「さわやか」は C 8 と T 11 でそれぞれが繰り返している連想語であり，同じような気分を共有していることを如実に示している。

　第 1 カップリング相における C の連想語は，C 3「自然」のほか 2，3 の認知連合がみられるものの，ほとんど肯定的な感情連合（Ep）で貫かれている。なお，「自然」は直前の「山の中」の上位連合であるが，これについて C は「山はやっぱり緑がたくさんあって『自然』がすごく好きだからそういうふうに」と自分の感情でリフレクティングしている。反応レパートリーが狭く単純だと

いえばそれまでであるが，彼女の内面の感情の豊かさには驚きを禁じえない。

これに対してTは，Cの感情連合に「風鈴」，「山の中」，「お風呂」，「秋の風」といった具体物による例示反応（Ci）か「背伸び」，「ばんざい」といった動作反応（Cm）で応答している。Tのリフレクティングする会話でも，自分の実際の体験や思い出による説明が多い。だが，Tも間歇的に肯定的な感情で（Ep）応答しており，全体的な感情をCと共有している。Cもいくつかの箇所でT3の「のびのび」に対するT4「リラックス」のように同じ気持ちを表現している。

リフレクティングする会話では，資料に示すとおり，Cは，連想語に関連する気持ちをただ「〜だったから」と単純に表現しているだけで，ことさら合理的な理由づけは行っていない。ただ，例外的とはいえ，T4の「お風呂」に対するC5のリフレクションにおける「冬は温まるし夏は暑いけど汗を流すところでもあるから『気持ちがいい』」という知的な説明，あるいはT8の「秋の風」に対するC9の「秋はやっぱり紅葉とかあってやっぱりその紅葉を行きたいなあと毎年思っているから見ているのを思い浮かべながら『癒される』って」とイメージ豊かにリフレクトすることもある。秋の風から紅葉を連想するところなど，彼女の日常生活の行動面からは思いも及ばない片鱗が垣間見られる。

これに対して，Tのリフレクティングする会話の公式は「（あなたが）『A』と言ったので，私は〜と思って（思い出して，思い浮かべて）『B』と言ったら，『C』って。（その時，何を思っていたの？）」という形式が基本構造になっている。この公式が，その時々に応じて多少変形されながら，同じパターンの繰り返しで会話がつなげられてゆく。自分の思いの〜には，大の字になってみたり背伸びしてみたり，自分の気持ちを体の動作で表現するイメージ，あるいは実際の体験の記憶が挿入されている。

長くつづいた第1カップリング相は，C14の「いい気持ち」に誘導されたT14の「お母さんの膝」でデカップリングされる。これはTがよくやる感情を具体物で例示連合した例であるが，これにCがこれまでのように感情連合で応答せず「丈夫」と対象の性質（Cs）で反応したことから，それに続く第2の短いカップリング相は，C17の「役に立つ」まで感情的色彩をまったく帯びない認知連合に切り換わる。T15の「長持ちする」は「丈夫で長持ち」という慣用

句を用いた言語連合（Cw）である。この相のプロットは細かくいうと前半の対象の性質（C 15「丈夫」）と後半の知的評価（C 16「便利だな」）に分かれる。前半は母親をめぐる連想であったが，C 16 の「便利だな」からは掃除機とか等など日常の生活用具へイメージが転換している。

　第2相以降，CWA の後半試行は次々にデカップリングが起こり，小刻みに短いカップリング相が交替する。第3カップリング相は T 17「ありがとう」から C 19「拝む」までで，この相は「感謝の気持ち」をプロットとしている。「ありがとう」でそれまでの「便利だな」「助かる」「役に立つ」などの機能的な認知語のつらなりが再び肯定的な感情語へとデカップリングされている。ここで自閉症の「心の理論」欠損仮説（Baron-Cohen, S. 1985）から興味深いことは，C 18 の「感謝」は，「『ありがとう』っていうことがすごく感じとられて『感謝』の気持ちでいるんだなあって思って」という C のリフレクティングする会話から，単純な自分の気持ちの表明ではなく，相手の気持ちを思いやった連想語であることが理解できることである。C には，自閉症とは異なって相手の心を読む豊かな想像力がある。

　次に，T 19「朝日」は「拝む」の例示語であるが，C 20 で「目が覚める」と応答されたために，ここで感覚や動作を共通テーマとする第4カップリング相に移行している。第4相は，C 23 の「すがすがしい」（Ep）で一瞬デカップリングされたように見えるが，感覚と動作の連想を共有しながら C 25 の「吐き出す」まで継続している。実際にはそういう体験はないのに，C が C 23 で「耳を澄まして聞く人がいる」と仮想して「すがすがしい」と答えていることは，ブルーナーの「現実の仮定法化」の観点から注目すべき反応である。また，「よく見える」と「よく聞こえる」と対で答えているのもとても知的であるように思われる。C 24 の「空気がいい」では，CWA をやっている時には，C はまだ T 23 の「なんかあんまり空気が気持ちいいから」というリフレクションは知らないはずなのにまったく同じ連想を口にしている。C 25 の「吐き出す」は直前の「吸い込む」の反対連想であり，この第4相は動作連合が多く，C 23 の「すがすがしい」以外，感情連合はまったく見られない。

　ところが，またもや T 25 で，「吐き出す」のは空気ではなく「愚痴」と思わぬ方向へデカップリングされる。T が T 25 で「愚痴は溜めたらいかんよ吐き出

さないといかんよ」と教訓的な思いをリフレクトしているのに対して，Cは「人から愚痴言われたら困るかなあって」と困惑している．自分が愚痴を言うのではなく，人の愚痴を聞く側になって反応しているのである．C18「感謝」の場合と同様，自分と相手との立場を入れ換えているところは，Tより一枚上でCの人柄が偲ばれる．この第5相は，困る動作のイメージが人から犬へ転換され，ペットを連想して「かわいい」そして「動物」へとつづく．「動物」は「犬」の上位連合であり，「かわいい」の例示語である．

Tがペットを家族の一員とみなして「家族」と反応し，これにCが「1つになる」と応えたことから第6カップリング相が生じる．この第6相でクライマックスに達し劇的に最後の終結を迎える．なぜなら，C11の「このままでいたい」でも述べたように，Cの家庭状況ではありえないことであるが，C29の「1つになる」という連想には彼女の切ないまでの願望が込められているように思われるからである．彼女の頭のなかに「家族が1つになって仲良く暮らす」という仮想現実が描かれ，「もしそうであれば，～なのになあ」と現実の仮定法化がなされているのである．だから，事情が何もわからないまま，Tが軽い気持ちで「1つになる」ってことは「仲良し」ってことと同義的に返すと，C30の「うらやましい」という反応になるのである．Tは一応Cの「うらやましい」という思いを受容し，自分も同じ気持ちで「そうなりたい」と共感的に返している．しかし，二人の思いはおそらく水準が異なっていたに違いない．リフレクティングする会話は笑いで締めくくられているが，彼女の瞳の中に一抹の寂しさとどうしようもない虚しさの影が宿っていることを読みとるのは感情移入的に過ぎるだろうか．

まとめると，このCWA全体に一貫して流れるストーリーのプロットは，C11の「このままでいたい」という言葉で表現されるような「心地よく，幸せな気分」である．途中「丈夫で長持ち，役に立つ」といった認知連合や「ありがとうと手を合わす」感謝の気持ち，「朝日でぱっちり目が覚めて，すがすがしいいい空気を腹いっぱい吸い込む」「愚痴を吐き出して困った仕草の例示」などいろいろに話が展開されるが，最後は，最初の漠然とした気分のプロットを具体化して「家族が1つになって仲良く暮らす」幸せへの願いでストーリーが締めくくられている．そこに起承転結のある興味深い物語展開を読み取ることができ

るのである。

考　察

　知的障害者の言語連想と聞いたら，それなりの常識的な枠組みで病理的な徴候をイメージされたことと思う。しかし，CのCWAの展開とそのリフレクティングする会話はまったくその期待を覆すものであった。障害の程度がいくら中等度とはいえ，Cの言語連想の感性の豊かさは健常者さえしのぐものがあった。われわれは，けっして偏見をもってはならないことを痛切に思い知らされた。直接処遇に当たっている支援員は，この連想結果の報告を受けてかなりのショックを受けた。その後支援員のCに接する態度は従来とまったく異なったものとなった。

　CWAの終了後，第5段階の雑談で，Cは「私はおとなしくて人としゃべるのが苦手です。しゃべりやすい人とはしゃべるけど。ほんとうは他の人ともしゃべりたいけど，何をしゃべればいいかわからないから。これ（CWA）をして，いろいろな言葉が出てきて，ふだん思い浮かべない言葉が出てきた。こういうのもやってもいいな。人と話すのが得意じゃないから。こうやると話せる方につながる」と自分から感想を述べた。さらに，家族で一緒に買い物に行く，霧島に紅葉をみに行きたい，花を育てるのが好き，小6の初恋のエピソードなどを次々に話してくれた。実施者Tは，支援者からCが「日頃はほとんど無口で寡黙である」という話を聞かされていたので，彼女のこのような語りに驚かされた。

　この結果は1つの事例に過ぎないが，T－CWA法が知的障害者にとってもラポールを深め会話を促進するための有効なツールであることを示唆している。また，Tが高齢者にT－CWA法を実施した時にも感じられたことであるが，リフレクティングする会話も含めてすべてのCWAが終了した後の第5段階における雑談が，とても豊かで生き生きした語りになることである。この事例でもまったく同じことがいえた。

　実施者Tの感想によれば，高齢者の場合，リフレクティングする会話は豊かな経験からくるたくさんの言葉でのやりとりがあった。今回は知的障害があり，かつ年齢的にも若い人ということで，リフレクティングする会話における

会話の量や内容に拡がりがなく実施者の方に戸惑いがあった。クライエントCに比べて実施者Tの方が2～3倍の量話してしまった。しかし、実施後のCの感想を聞き、とても楽しんでいたことやCWAをきっかけとして話したいことがいろいろ語られたことで、知的障害者においても高齢者と同様、T－CWA法が有効に適用可能であると感じられたということであった。

このCWAにおいて中間のC11「このままでいたい」と最後のC30「うらやましい」は彼女の心境を知る上でもっとも注目すべき連想語であったように思われる。T－CWA法で重要なことは、CWA終了後に、「ふだん思い浮かべないような言葉がでてきた」とCが語っているように、ふだん語られることのない新しい言葉がCWAの過程で引き出されることであり、セラピストがクライエントの心の底からの大切な言葉に出会うことである。そのために、セラピストの取る基本的な連想態度は、アンダーソンとグーリシャンの「無知の姿勢」でいわれる治療的質問、すなわち「クライエントによっていま語られたことがそのまま答えとなるような質問」に倣って、クライエントが次に発したい語を誘発するような刺激語で応答することであろう。

〔資料〕CWAの連想語とリフレクティングする会話〔初発語：「音楽」〕

連 想 語	リフレクティングする会話
T ：「音楽」	「音楽」ということから「音がきれい」と言われたんですけど、そのときはどんな感じでしたか。
C 1：音がきれい	えっとー、音楽は好きだから聞く方も楽しいし、こう癒されたりもするし、あとちっちゃい頃からピアノを習いたいっていうことが、今も変わっていないっていうことがものすごく習いたいって思う。
T 1：風鈴	私は「音がきれい」ということから、昨日ガソリンスタンドに行ったらゲームがあたって大当たりの4等になって風鈴をもらったんですよね。風鈴の音がすっごくきれいだったもんだからすぐ音がきれい風鈴って言ったのね。昨日のできごとを思い出したんです。そしたら「涼しい」って、そのとき何をイメージしたんですか。
C 2：涼しい	夏になると風鈴がいっぱいあるのを思い浮かべて、音を聞いているとすごく「涼しい」なあって思いました。
T 2：山の中	私は「涼しい」でこの前九重っていうところに行ったんですけど、そこは外は35度も6度もあったけど、山の中ですごく風が気持ちよかったので、あのときの山の風を思い出して「山の中」って言ったんです。そしたら「自然」っていうふうに言われたんですけど、そのときは？
C 3：自然	山はやっぱり緑がたくさんあって「自然」がすごく好きだったから

	そういうふうに。
T 3：のびのび	「自然」で自分がほんと気持ちよかったもんだから，思わず背伸びをしたじゃないけど空気をいっぱい吸った感じがしたので「のびのび」っていうふうに言ったら「リラックス」て言われたんですけど？
C 4：リラックス	「自然」に行ったとき，やっぱり「リラックス」したなあって。
T 4：お風呂	「リラックス」から今度は1日終わって「お風呂」に入って体を伸ばしてゆっくり「お風呂」につかっている，それを思い出して「お風呂」が「リラックス」するなあって思ったら「気持ちがいい」って言われたんですけど？
C 5：気持ちがいい	えっと－，冬は温まるし夏は暑いけど汗を流すところでもあるから「気持ちいい」なあって思った。
T 5：ゆったり	そしたら私はその「気持ちがいい」から自分がすごく大の字になってゆったりしている自分の風景っていうか姿を思い浮かべて「ゆったり」って言ったら「のびのび」って。
C 6：のびのび	体が休まるって。
T 6：背伸び	そしたら「のびのび」から私はなんか「背伸び」をして万歳をしてなんか空を見ている自分がいるようなことを思い出して「背伸び」って言ったら「ほぐれる」っていうふうに。
C 7：ほぐれる	「背伸び」をしたら凝ってるっていう部分が「ほぐれる」っていう。
T 7：すっきり	「ほぐれる」から私ははぐれたら体も心もなんかスカッとするのかなあと思って「すっきり」って言ったら「さわやか」って。
C 8：さわやか	「すっきり」した気分は心の中まで「さわやか」になるなあって。
T 8：秋の風	「さわやか」から私はさっき玄関の所からすごーくいい風が吹いてきて秋の風だなあ「さわやか」だなあって，今さっき感じたことを「秋の風」って言ったら「癒される」って。
C 9：癒される	秋はやっぱり紅葉とかあって，やっぱりその紅葉を行きたいなあと毎年思っているから見ているのを思い浮かべながら「癒される」って。
T 9：うれしい	「癒される」から心がすっきりして「さわやか」になったらなんか「うれしい」というか，うれしくてうれしくてなんか「すっきり」さっぱりした感じがしたので「うれしい」って言ったら「笑顔を感じる」って。
C 10：笑顔を感じる	みんなが「うれしい」表情の笑顔が，みんなが笑顔で笑っているのが思い浮かべて。
T 10：幸せ	私も「笑顔を感じる」から私も「幸せ」になるっていうか，自分も笑顔をすれば「幸せ」だし周りも笑顔だと「幸せ」だなあって感じたので「幸せ」って言ったら「このままいたい」っていうふうに言われた。
C 11：このままでいたい	「幸せ」のままでずっと「このままでいたい」なあって。
T 11：さわやか	やっぱりさっき感じた「さわやか」なここの感じがあって，この「さわやか」なままでいたら私もいいよなあ，まだ暑いしみたいな。いいところだなあ，「さわやか」だなあっていったら「心地よい」って。
C 12：心地よい	「さわやか」な場所にいたら「心地よく」なるよなあって感じた。
T 12：ばんざい	やっぱりさっきの感じなんですけど，「ばんざーい」って思わず言ってしまいたい（笑う）。自分がいてやったあ「ばんざい」をして飛び上がってる空に向かって（笑う）。「ばんざい」をイメージしたら

C 13：楽しい		「楽しい」というふうに。みんなで大勢で「ばんざい」しているのは「楽しい」って感じたから。
T 13：るんるん		「楽しい」から楽しい「るんるん」みたいな。やったあみたいな（笑う）感じで「るんるん」って言ったら「いい気持ち」っていうふうに。
C 14：いい気持ち		なんか好きな場所を「るんるん」しながら歩いている姿を思い浮かべたら、「いい気持ち」だなあって。
T 14：お母さんの膝		私は気持ちがいいので小さいときにお母さんの膝枕で寝て、ふかふかしてたよなあみたいな、それで「お母さんの膝」っていうふうに言ったら「丈夫」って（大笑い）。
C 15：丈夫		（笑いながら）体が大きいから「丈夫」に見えるなあって（笑い）。
T 15：長持ちする		そしたら私「丈夫」っていうので、すっごく元気でちょっとやそっとではあれでなく「長持ちする」っていうかすごく長生きするっていう感じで「長持ちする」って言ったら「便利だな」あって言われたんですけど。
C 16：便利だな		長持ちっていつまでも掃除機だったりとか等だったりとかやっぱり長持ちしたら使うものだから「便利だな」あって。
T 16：助かる		「便利」でなんかこう「助かる」ていうか、私もなんかそんな道具みたいなのを思い出して、台所の道具とかあの包丁とかまな板とかないとどうしようみたいなのがあるからまあ便利だなあって私も思ったんです。まあ「助かる」なあって役に立つみたいな、そしたら「役に立つ」って言われて（笑い）。
C 17：役に立つ		「役に立つ」かなあって。
T 17：ありがとう		私はその、助けてくれてありがとうみたいなって「ありがとう」って思ってたら「感謝」っていうふうに言われたんですけど。
C 18：感謝		「ありがとう」っていうことがすごく感じ取られて「感謝」の気持ちでいるんだなあって思って。
T 18：手を合わす		「感謝」って言ったら仏さんの前に「手を合わせる」んじゃないけど、手を合わせてありがとうというのをイメージしたら「拝む」って（笑い）いうふうに。
C 19：拝む		私はお墓とか神社とか行ったときに手を合わせてこうお願いしますとかいい日になりますようにって「拝む」から（笑う）。
T 19：朝日		「拝む」が「朝日」が昇ってきたときに今日も1日始まるんだって思わず、ねえ拝んでるっていうか、夕日じゃなくて今日1日頑張るぞー的な感じで「朝日」て言ったら「目が覚める」って。
C 20：目が覚める		朝寝てて窓から「朝日」が差し込んできたときに「朝日」で「目が覚める」から。
T 20：ぱっちり		「目が覚める」って言うので「ぱっちり」っていうふうに、ぱっちり目が覚めたらいいなあ。なかなか自分が目が覚めないので（笑う）。「ぱっちり」って言ったら「よく見える」って。
C 21：よく見える		目をこう大きく開けたら、うん大きく見える。
T 21：はっきり		よく見えるって言うので曇ってたのが「はっきり」見えるっていうので「はっきり」って言ったら「よく聞こえる」って。
C 22：よく聞こえる		「はっきり」相手が伝えてくれるのをこう「よく聞こえる」なあって。
T 22：耳をすます		「よく聞こえる」って言うので、よく聞きたいって言うので、自分

		が一生懸命「耳をすまして」なんて言ってるんだろうっていうので,耳をすましている自分の姿をメージしたら「すがすがしい」っていうふうに。
C 23：すがすがしい		耳を澄まして聞く人がいるとこっちも「すがすがしく」聞こえてくる。
T 23：深呼吸		「すがすがしい」から私はなんかいっぱい「深呼吸」をしている,なんかあんまり空気が気持ちがいいから「深呼吸」をしている自分を思い浮かべたら「空気がいい」っていうふうに。
C 24：空気がいい		思いっきりいい空気をいっぱい吸ったら,〜そうになったから。
T 24：腹いっぱい吸い込む		「空気がいい」とさっきの「深呼吸」と一緒だけどほんとに「腹いっぱい空気を吸いたい」っていうか,さっきのラジオ体操じゃないけどすごく「深呼吸」をしたい気分になったもんだから「腹いっぱい吸い込む」って言ったら「吐き出す」って。
C 25：吐き出す		「深呼吸」して「吐き出す」って。
T 25：愚痴		今度は「吐き出す」から「愚痴」って（笑う）。「愚痴」は溜めたらいかんと「吐き出さないと」いかんよなんて言ったら「困る」って。
C 26：困る		人から「愚痴」言われたら「困る」かなあって（笑う）。
T 26：首をひねる		「困る」でううんと困っているときの動作が首ひねって,ううんってそんな気がしたので「首をひねる」って言ったら「犬」っていうふうに。
C 27：犬		家が犬を飼ってるんですけど,犬が近くに行ったたんびに頭右にかしげたり左にかしげたりしている姿を思い浮かべたので。
T 27：かわいい		私も犬を飼ってるんだけど,家の中で「犬」って言ったら「かわいい」って,ちっちゃい犬だから小型犬で「かわいい」って言ったら「動物」って。
C 28：動物		「動物」とか好きだからテレビとか動物とか出たら「かわいい」なあって思って。
T 28：家族		私は「動物」って言ったら「家族」の一員だなあって思って,いつも遅く帰ってきても起きて迎えに来てくれるし,いつも横にいるし「家族」の一員かなんかそんな感じで「家族」って言ったら「1つになる」って。
C 29：1つになる		家族がそろうと1つに固まって一緒にいられるってことがいいなあって思って。
T 29：仲良し		「1つになる」ってことですごく仲がいいなあっていうか,1つになりたいなあ,「仲良く」なりたいなあって気分で「仲良し」って言ったら「うらやましい」っていうふうに。
C 30：うらやましい		仲良くしている人をみたら私の方がそうなりたいなあ「うらやましい」なあって。
T 30：そうなりたい		私も「そうなりたい」って「うらやましい」ってことなんだろうけど,私もそんなふうに「仲良く」なりたいなあって気持ちで言いました。……（笑う）
		終了

事例2　ひきこもりの両親の事例（非参加試行）

　本事例は，子どものひきこもりを主訴とする夫婦カウンセリングを行った際に試みた父親と母親の二人にT−CWA法を適用した事例である。カップルは両親二人。言語連想にはセラピストが参加しない非参加試行である。実施方法は現行の1つ前のヴァージョンであったために，前半試行と後半試行の2回に分けて，各試行互いに25回ずつ，計50回行った。教示には「……順序を入れ換えて2回実施します。それではどちらから始めるか順番を決めてください」をつけ加えた。つまり，初発語を言う順序を交替して同じことを2回実施するのである。どのような初発語を用いるかは，それぞれに任せた。前半と後半の試行間に10分間の休憩を入れた。なお，事例はプライバシー保護のためデフォルメされている。

主訴：30歳代の男性のひきこもり
来談者：父親（60歳代）と母親（60歳代）。以後，父親をF，母親をMと表記する。
所要時間：約1時間半。

　ひきこもりの男性は精神科医より妄想型統合失調症を疑われている。県外で就職していたが，職は転々としていたとのこと。3年前までは薬物療法が効いていたが現在は薬を飲まず，医療を拒否している。几帳面で親思いの子であったが，感情のコントロールができなくなり，ささいなことでドアを蹴ったり器物を破損したりする。経済感覚もおかしくなり，気紛れに高価なものを買う。「こうなったのはお前のせいだ」と親に対する恨みの言葉を吐く。一人っ子のため，親は幼児期より子どもの言いなりで，現在でも子どもに権力を握られている。とくに母親に対する言葉の暴力が激しく，親は子どもを扱いかねて，毎回夫婦だけで子どもに内緒で来談している。

　治療の目標は，子どもに医療を受けさせるためにも，夫婦のパートナーシップを確かなものにして，子どもの問題行動に対する夫婦のコーピング能力を回復することに置かれた。

　T−CWA法は，4回目の面接時に実施した。

結　果

結果を表と図にまとめて以下に示す。

表2A　CWAの結果：前半試行（Fからスタート）

連想語 F：RT M：RT 連想語	1 花 20″6 2″3 1 きいろ	2 ハーブ 32″3 11″8 2 におい	3 とうき 6″8 5″9 3 手作り	4 カナダ 17″2 8″9 4 シロップ	5 ロッキー 15″9 3″4 5 山
6 きりしま 7″9 2″6 6 つつじ	7 いちょう 3″7 2″2 7 みどり	8 学校 40″8 2″6 8 先生	9 講義 13″5 3″6 9 生徒	10 先生 23″4 6″4 10 えらい	11 車 14″0 3″2 11 スピード
12 食堂 6″4 4″3 12 空腹	13 連休 13″9 2″9 13 たのしみ	14 会社 15″1 8″5 14 給料	15 引越し 4″9 6″1 15 お金	16 見本市 8″4 18″9 16 品物	17 仕入れ 14″3 29″1 17 物
18 在庫 10″6 10″9 18 確認	19 遊びたい 19″2 3″8 19 旅行	20 温泉 7″9 2″2 20 リラックス	21 のんびり 49″8 18″5 21 くつろぎ	22 花の手入れ 19″7 5″4 22 いやし	
23 ドライブ 22″8 3″9 23 疲れる	24 ねむたい 20″2 29″8 24 気分転換	25 早起き 3″2 22″1 25 気持ちがいい	連想の所要時間 F：412″5 M：219″4 計：631″9	M 16″5 8″8 12″6	SD 11″0 8″2

表2B　CWAの結果：後半試行（Mからスタート）

連想語	1 相談	2 息子	3 将来	4 治療	5 生活
M：RT	28"5	2'1"2	9"9	19"1	12"8
F：RT	5"8	26"2	18"7	25"7	32"5
連想語	1 考える	2 思っている	3 現在	4 本人	5 年齢

6 仕事	7 環境	8 家族	9 親戚	10 友だち	11 思いやり
22"1	36"4	22"3	34"1	7"2	45"9
1'8"7	18"3	25"5	41"5	20"1	32"4
6 一生懸命	7 家庭	8 守る	9 仲良し	10 助ける	11 反応

12 遊び	13 金銭感覚	14 夫婦	15 自由	16 食事	17 楽しみ
51"0	15"4	1'15"0	24"2	24"2	＊
14"0	33"8	1'17"5	58"3	＊	35"2
12 車	13 思いつき	14 会話	15 仕事	16 満足	17 ゆとり

18 協力	19 趣味	20 時間	21 家	22 お墓	23 母親
12"4	8"8	48"8	30"8	20"9	10"3
1'8"6	44"2	32"2	24"1	29"4	32"1
18 努める	19 娯楽	20 計画	21 家庭	22 きょうだい	23 きょうだい

24 自分（自身）	25 経済	連想の所要時間	M	SD
12"5	14"7	M：737"5	29"5	17"8
22"4	18"4	F：838"6	33"5	25"0
24 家族	25 苦労	計：1576"1	31"5	

＊リバース中で記録不能

1）連想システムの内容分析（連想反応時間と連想語の主訴との関連性）

（1）連想反応時間（RT）：初発語のRTは，「それでは，はじめてください」という指示から最初の語が発せられるまでの時間である。

前半試行のFの平均RTは16"5，Mのそれは8"8であり，この差は1％水準

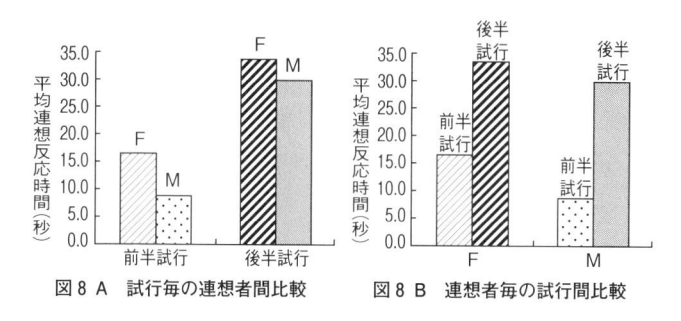

図8A　試行毎の連想者間比較　　図8B　連想者毎の試行間比較

表3　平均連想反応時間の有意差の検定

	F		M		t	df	p
	M　SD		M　SD				
前半試行　N=25	16"5	11"0	8"8	8"2	4.006	48	$p<0.01$
後半試行　N=24	33"5	25"0	29"5	17"8	0.884	46	ns
t df p	3.036 47 $p<0.01$		5.149 47 $p<0.01$				

で統計的に有意であった。それゆえ、FはMと比べて相対的に遅連想傾向にあり、逆にMは速連想傾向にあるということができる。一般に、刺激語と反応語の間になんら媒介項が介在しない直接連想はRTが短く、その間にいろいろな思いや感情、イメージなどの心的要素が介在する間接連想ではRTが長くなる。Mの速連想傾向は、Mに直接連想が多かったせいであると考えられる。

しかし、後半試行では、FMの間に有意な差はみられず、Fは33"5で約2倍、Mは29"5で約3.4倍と両者とも平均連想時間は前半試行よりも大幅に遅くなった。両者の試行間差はいずれも1％水準で有意であった。とくに、Mの遅れが顕著であった。前半試行で1分を超えた反応はなかったが、後半試行では、M2の「息子」、F6の「一生懸命」、連想が展開されるM14の「夫婦」、それを

受けるF14の「会話」，F18の「努める」の5つもあった。
　その理由として，前半試行では，概して見たり聞いたり今経験していることからの連想や直接連想が多かったのに対して，後半試行では，連想のテーマが主訴そのものに関連していて切実で重く，間接連想が多かったということが推測される。

（2）連想語の主訴との関連性：前半試行では，FもMもすべて無関連連想語であり，主訴の問題や症状に関連する連想語はみられなかった。その特徴は，臨床面接場面におけるCWAであるにもかかわらず，子どもの問題や親の苦悩など臨床の香りがいっさいないことである。それは，FがCWAを先導し，Mがそれに追従していることに起因している。これまでの言語連想の研究では，速連想者には平凡反応が多く，遅連想者には特異反応が多いことが知られている。しかし，このケースでは，連想の速遅は，平凡反応／特異反応というよりは，連想のコンテキスト展開の主導／服従関係によるものと考えられる。
　一方，後半試行の初発語で，Mは直截に「相談」と発語している。「いろいろな思いで今相談に来ているのだから」というのがその理由であった。前半試行の空疎で無意味な連想の流れにうんざりしていたのかもしれない。これが後半試行の連想語の内容を枠づけしている。13番までの26個の連想語はすべて「息子の問題」に関連する連想語であった。14番目から20番までは「夫婦関係」の連想に移行し，21番からは「家問題」に展開しているが，25番の「経済」と「苦労」が暗示しているようにその背景にはすべて「息子の問題」が潜在している。これは，息子問題により深くかかわっているMがCWAを主導したせいであると考えられる。

2）連想システムの構造分析（カップリングとデカップリング）
　前半試行で，F1の「花」からM2の「におい」までは「花とその属性」というコンテキストが共有されたカップリング相である。このカップリング相は次のF3の「とうき」でデカップリングされ，M3で即座にカップリングされている。しかし，実は「花」も「とうき」も目の前に見えたものからの連想であり，「目の前にみえるもの」という点では共通している。F4の「カナダ」で

これまでとはまったく異なる文脈へとデカップリングされる。これにも M は即座に追従している。F は，M の連想とのカップリングにはほとんど配慮しておらず，それまでのコンテキストに構わずに，デカップリングしつづける。二人の CWA のカップリング相は M の努力によってかろうじて維持されている。

一方，後半試行では，M の初発語「相談」に呼応して，F はすぐに「考える」という言葉でカップリングしている。このカップリング相は M 1 〜 F 13 の「思いつき」まで継続している。その間ずっと「息子の問題」というコンテキストが二人に共有されている。そのことは試行後の各連想語の意味についての詳しいリフレクティングする会話で保障される。ところが，M 14 の「夫婦」でデカップリングされ，「息子問題」のコンテキストが「夫婦のあり方問題」のコンテキストへ切り替えられている。これを主導したのは M である。ここでも F は素直に追従している。このカップリング相は F 20 までつづいている。M 21 の「家」でまたもや M がデカップリングし，F が追従するというパターンが繰り返されている。このカップリング相で共有されているコンテキストは「家にまつわるできごと」である。最後の M 25 の「経済」と F 25 の「苦労」は息子のことで年金生活になると苦労するという意味である。

前半試行では F がかなり気紛れにデカップリングしていたのに，後半試行の連想システムの展開は，終始 M が主導しているように見える。前半試行のとりとめのなさに比べて，後半試行はほぼ一貫したテーマでまとまっている。前半試行も後半試行も，いずれも初発語を発した方が主導権を握っている。このことは，連想システムの展開の主導権が，初発語を発するのがどちらであるかに依存していることを示唆している。最初の出発時点で，初発語に対して反応することが，その後の刺激 − 反応関係の構えを形成してしまうのかもしれない。

この CWA では初発語を来談者に任せてしまったが，来談の主訴に関連した初発語をセラピストが選択することを思いついたのはこの事例からであった。

3）連想語についてのリフレクティングする会話

T − CWA 法の目的は，二人の間で交互に連想を行わせることによって，二人の間の関係，とくに無意識的な心の葛藤やコミュニケーション特性を明らかにするとともに，実はこちらの方が重要なのであるが，1 つひとつの連想語につ

いてそれを発語したとき「何を考え，どう感じていたか」をていねいに語り合う過程で，治療的会話を展開することである。つまり，CWA を治療的会話の道具として利用することである。そこで，本事例でどのようにリフレクティングする会話が行われたかを示すために，テープからのトランスクリプトの一部を紹介しよう。T＝セラピスト（筆者），F＝父親，M＝母親。

〔前半試行〕
T：最初は「花」でしたが，なぜですか？
F：今，カーテンを開けてみたら，ここにもあったし
M：それもだけど，ここにも
F：テーブルの上にもあったし
・・・・・・・・・・・・・・・
T：花をごらんになって，「きいろ」というのも？
M：はい，すごく印象的で
T：なんで「きいろ」かなと思ったけれども，見えたまま，お二人とも今目の前にあるのをおっしゃっただけですね？
M：はい
・・・・・・・・・・・・・・・
T：「つつじ」から「いちょう」
F：「いちょう」は，今通ってきた道にあったから
M：全部，今の（笑い）
・・・・・・・・・・・・・・・
T：ただテープだけ聞くと，随分話が展開しているように感じるんでしょうが，話を伺うと，全部続いていて，今経験したことですよね。「学校」といえば「先生」ですか？
M：ですね（笑い）
・・・・・・・・・・・・・・・
T：一応流れとしては，ここ（「車」）で変わっているんですが，変わるときどちらが変えたかということを知りたいんですよ。今まで変えられたの，全部ご主人ですね。なにか，話題を展開されたのは，全部ご主人。奥さんは

それにずっとずれないで，ついてみえてますね。「車」だから「スピード」？
・・・・・・・・・・・・・
M：なんか単純すぎますね，先生（笑い）
T：いえ，いいんですよ，素直で
M：なんかさっき先生が，それをそら，なんか意味のあることがないって
T：いや，そんなことじゃなくって，素直に反応していただくのが一番なんです。素直に。その意味を探るのが僕たちの仕事ですから（笑い）。……もし，テープだけ聞いたとすると，ご主人の一連の流れというのは，僕はぜんぜんついていけませんね。奥さんの方は，ご主人のやつにただポンポンと食いついているだけですから，単純でわかりやすいんですよ
M：なにも考えていない（笑い）
・・・・・・・・・・・・
T：今の反応をみていたら，ご主人あれやこれや考えられているんですよね。いろんなことを
M：自分の生活のことだけを（笑い）
T：だから，随分時間がかかるんでしょう。そしたらポンとこう。やっと思いついて，一言いったら，ポンと返ってくる
M：なんだろう，これって（笑い）
T：でもね，こういったことって，ここだけの話じゃなく，おそらく，日常の生活のなかにもあるんじゃありません？　ご主人はちょっと慎重に，いろいろ考えながら，なんか一言いうときもかなり慎重に考えながら。それに対して，奥さんはあまり考えなしにポンと，こう，それで反応するという
M：それ，あってます（笑い）。あると思いますよ……だからすぐケンカになるんですかね（笑い）

　トランスクリプトの抜粋が少し長くなったが，連想語の語り合いのやりとりの雰囲気は伝わったことと思う。とても楽しい聴き取りであった。ただし，前半試行では，Fが主体的に連想の流れをリードしたせいか，見たまま聞いたまま，今経験していることを中心に，主訴とは何の関連もない連想がつるつると継続している。まったく治療的会話になっていない。これに対して後半試行は

ぜんぜん様相が異なっていた。Mの初発語「相談」は，いろいろな思いのなかから出てきており，それが後半試行のCWAの流れを方向づけ，連想語の逐語的語り合いは主訴をめぐってあたかも治療的会話のように進行している。

〔後半試行〕
T：最初「相談」という言葉が出てきたのは？　随分時間がかかりましたね。どうでした？　この「相談」が出てきた感じは。自分の思いというか
M：相談にくるまで半年かかったんです
T：相談に来るのに半年……それで，「相談」という言葉が出てくるまでもいろいろな思いがあって
M：病院に行っても，気持ち的に，いつも……家で過ごしながら……（息子が）ばりばり仕事やっていたときもあったけど……時間がかかっても，社会に出られたらいいなぁとか，アルバイト程度でも
T：そうですよねぇ
M：……（涙ぐむ）
T：その後「考える」と応えて，「相談」という言葉から
F：そうですね。朝な夕な，一日中思っていますから
T：だから，「考える」の次も「思っている」になるんですね。二人で息子さんのことを。頭から離れない？
M：将来のことも全部そこにあります
T：そうですよね。すべての思いが「息子」というなかに込められて，言葉にならない言葉で「息子」ということですね
F：もう，続いています（二人の連想が）
T：一番心配なのは「将来」？
M：時間がかかっても，将来的には，社会復帰して欲しいという気持ちが強かったですよね
T：そうですよね。ところで「現在」というのは？
F：将来も大事ですけど，今も大事だなぁ，と
T：今をきちんと。治療？
M：今，治療をぜんぜんしていないから。治療すると元に戻るかなぁって思う

んですけど，本人が行かないって言うから
T：病院に連れて行けば，ひょっとしたら済む話かもしれないけれども，今は行きませんからねぇ。「本人」
F：本人が一番ですからねぇ
T：ですからねぇ
F：われわれもでしょうけれどもね
・・・・・・・・・・・・・
T：この「仕事」というのは，本人の？
M：本人の。思いながらも，やっぱり，なんか
T：勤めてくれれば，と
M：思うんですよねぇ……楽になる
・・・・・・・・・・・・・
T：そう，で「一生懸命」というのは？
F：それはもう，「仕事」をさせたら今までが「一生懸命」だったから
T：これは本人のことですか？
F：はぁ
T：お父さんが仕事を一生懸命している，というのではなくて
F：いやいや，一生懸命仕事をする方でしたから。しだしたら，しだしたら，心配はしないんですけど
T：あぁ，そうですか。なるほど，もともとまじめな人なんですよね
F：はぁ，一生懸命やる
・・・・・・・・・・・・・
T：で，「環境」から「家庭」
F：「家庭」は，あるよなぁ，と思って
T：それは自分たちの「家庭」ですか？
F：そうです
T：「家族」というのも？
M：やっぱり，だから，変えたほうがいいのかなぁ，と思います。家族だから，離れてもね（息子が外に住むこと）
・・・・・・・・・・・・・

T：離れてもね。一人息子だしね。みんな家族だよ，と。「守る」。ちょっと涙が出てきそうな話になったけど
M：ねぇ（笑い）
F：守らないといかんしなぁ，と思ってはいるんですけどね
T：涙がでますね。言葉がありません……お二人が懸命に生きておられるのがよく伝わりますし，「家族」や「守る」という言葉の重さがずっしりときました。父親の責任として，重く感じられているのでしょう
M：（涙）すみません（ハンカチ）
T：重かったですね。核心に入ったという感じで。こちら（前半試行）のときはどうなることかと思って（笑い），こちら（後半試行）に入ったとたん，いきなりはまって
M：テーマが「相談」だったんで
T：それが目的ですからね。一人で連想したって仕方がないんで，お互いのやり取りのなかで，お互いの思いが交錯し合って……なんかすごく感動しました
・・・・・・・・・・・・・・・
T：「助ける」「思いやり」
M：元気なときは，思いやりがあって，昔々を振り返って
T：昔は，思いやりのある優しい子だったのに。ずっと子どもとの関係が続いていますよね。「反応」というのは？
F：これだけ思っているのに，反応しないこともあるし
T：子どもの反応？　親としてこんなに子どものことを思っているのに
F：思ったように伝わらないことが多いですからねぇ
T：なるほど，「反応」から「遊び」ってなんですか？
M：だから，まじめ過ぎるから
T：まじめ過ぎるから？
M：遊びを知らなかったのかなって
T：なるほど，遊びがなかったですか
M：仕事して，仕事して，仕事が趣味みたいな感じで
T：ご主人もやっぱり遊びがなくて仕事の方が多かったですよね

F：そうですね
・・・・・・・・・・・・・・・・
T：「思いつき」から「夫婦」に来ましたけれども
M：話がそろそろ夫婦に戻った方がいいかな，と思って（笑い）
T：ズーッと息子さんでしたからね。いろいろ深い話があったんですけど……こちら（前半試行）とぜんぜん違うのは，こちらは奥さんが話を展開したことはなかったんですけど。新しい話にどちらがするか，それに対して相手がどう応えるか，というパワーをみることに関心があるわけですが，こちら（前半試行）は，夫唱婦随。こちら（後半試行）は，話を展開したのは奥さんで，婦唱夫随。なんで「夫婦」ですか？
M：「夫婦」で。やっぱりつながっていると思うんですけど
T：子どもを中心の夫婦ですよね
M：夫婦のあり方をちょっと変え，変え……ねぇ
T：夫婦で何か問題が？
・・・・・・・・・・・・・・・・

　この後，夫婦の会話が少ないこと，お互いの趣味や生活の自立のことなどが語りつづけられた。連想語の語り合いによる治療的会話の展開がＴ－CWA法の核心なので，長くなりすぎたが，トランスクリプトの関連部分を引用した。後半試行の前半は「息子のひきこもり」という主訴に関するコンテキストを両親で共有し合いながら連想のカップリング相が継続している。後半は，息子問題を背景としながら，「夫婦関係」を共有のコンテキストとして，物語が共同制作された。後半試行では，物語展開の主導権が完全に母親へ移ったことが印象的であった。

　　まとめ
　Ｔ－CWA法は，CWAの理論的基礎のところで述べたように，オートポイエーシス理論とは何か？をシステム療法の視点から説明するための理論的なモデルとして作成したつもりであったが，実際に実施してみると，一連の連想語についての語り合いが治療的会話となることに気づいた。そこで，連想が主訴に関連し，その語り合いが治療的会話になるようなCWAを「治療的連想」と

呼ぶことにしたのである。治療的連想という観点からみると，本事例の前半試行はまったく治療的連想になっていないが，後半試行はかなり深い治療的連想であったように思われる。これらの結果から，T－CWA法が診断的機能ばかりでなく，治療的機能ももつのではないかという感触を得ることができた。

事例3　CWAの連想語の分析―抑うつ傾向のある夫婦の事例（非参加試行）

　連想語の分類と分析の具体的なやり方を例示することを目的に，夫の抑うつ傾向を主訴とする20歳代後半の夫婦面接においてT－CWA法を適用した事例を報告する。3回目の面接時に，夫婦をカップルとして二人の間でCWAを実施した。セラピストは言語連想には非参加。ただし，実施方法は，事例2と同じ現行の1つ前のヴァージョンで行った。すなわち，前半，後半各25回，計50回。本事例では，前半試行は夫から，後半試行は妻から開始した。どのような初発語を用いるかは，それぞれに任せた。

　なお，ここでは，分類基準の下位カテゴリーである自我連合（Ee）は感情連合（主としてEw）に，言語連合（Cw）は認知連合（主としてCi）に統合しているので，それぞれ3つずつ，合計6つの下位カテゴリーで分類されている。

　その他は現行ヴァージョンとまったく同じで，一連の連想語とその後のリフレクティングする会話のメモは，その場で記録用紙に記録するとともに，テープレコーダーに録音し，後でトランスクリプトした。

　なお，Hは夫，Wは妻，Tはセラピストを示す。

結　果
1）CWAの連想語の分類
　連想語の分類に関するリフレクティングする会話の内容について，ポイントだけ簡単に示しておく。前半試行は，H1の初発語「涙（En）」で開始された。H：「なんか，思い浮かんだ」。それに対するW1の「海（Cm）」について，Wは「『嫌なこと』とか『泣きたく』なったらよく『海』へ行った」と述べている。これは情動的連想過程を媒介とした間接連合であり，かつ個人的経験の叙

表4A 〔前半試行〕(Hより初発語「涙」で開始)

連想語 H：分類 W：分類 連想語	1 涙 En (心情) Cm (記憶) 1 海	2 山 Ci (同位) Ci (同位) 2 川	3 海 Ci (同位) Cs (性状) 3 青	4 赤 Ci (反意) Ci (例示) 4 夕日	5 沈む Cs (性状) Ep (心情) 5 浮かぶ	6 月 Ci (例示) Ep (心情) 6 きれい
7 花 Ci (例示) Ep (心情) 7 好き	8 嫌い Ci (反対) En (心情) 8 暗い	9 明るい Ci (反対) Ci (例示) 9 家	10 家族 Ci (同義) Ep (心情) 10 楽しい	11 遊び Ci (例示) Ci (定義) 11 自由	12 束縛 Ci (反対) En (心情) 12 苦しい	13 家 Ci (例示) Cs (性状) 13 多い
14 少ない Ci (反対) Ci (反意) 14 増やす	15 ゴミ Cm (経験) Cm (習慣) 15 片付ける	16 きつい En (心情) Ep (心情) 16 ゆるむ	17 こころ Ci (例示) Ci (空間) 17 無限	18 つながり Ci (時間) Ci (空間) 18 広がる	19 友だち Ci (具体化) Ep (心情) 19 楽しい	20 自由 Ci (例示) Ew (意志) 20 頑張る
21 めんどくさい Ew (自我) Ew (意志) 21 行う	22 仕事 Ci (例示) Ep (心情) 22 楽しむ	23 家族 Ci (例示) Ew (意志) 23 帰る	24 家 Ci (例示) Ep (心情) 24 リラックス	25 なごむ Ep (心情) Ci (例示) 25 お茶		

述である。H5の「沈む(Cs)」に対するW5の「浮かぶ(Ep)」で，Tの「これは反対連想？」という問い掛けに，W：「(夕日が沈むのではなく)気分が，こう沈む(だから，気分を高める)」。W7の「好き(Ep)」に対するH8の「嫌い(Ci)」では，H：「これも反対です」。「好き－嫌い」の場合，「嫌い」は語としては感情連合(En)であろうが，リフレクティングする会話の結果，感情を伴うことなくただ単に「好き」の反対語として使用されたことが分かれば，認知連合(Ci)に分類されることになる。次のW8の「暗い(En)」について，W：「『嫌い』だと暗くなる」。T：「なにが暗くなるの？」W：「自分が暗くなっていく。今回のこと(W自身がうつになったこと)もあるんですけど」。H16「きつい(En)」－W16「ゆるむ(Ep)」－H17「こころ(Ci)」の一連の流れにおける会話は次のとおり。H：「片付けるのがきついだろうなって」－W：「きつかったらリラックスしなさいよって感じで」－H：「『ゆるむ』といったら，心がゆるんだらいいのかなぁって，思った感じで」。また，W20「頑張る(Ew)」－H21「めんどくさい(Ew)」－W21「行う(Ew)」ではEwが3つ続いているが，その会話は，W：「自由にする分頑張る努力が必要じゃないかって」－H：「頑張るのは(自分が)面倒くさいなぁって(自我滲出的)」－W：

表4B 〔後半試行〕(Wより初発語「学校」で開始)

連想語 W：分類 H：分類 連想語	1 学校 Cm (記憶) Ep (心情) 1 楽しい	2 グランド Ci (部分) Ci (例示) 2 サッカー	3 観戦 Ew (意志) Ew (願望) 3 勝つ	4 負ける Ci (反対) En (心情) 4 悔しい	5 涙 Ci (成句) Cm (経験) 5 うた	6 うたう Ci (語韻) Ci (場所) 6 カラオケ
7 楽しい Ep (心情) Ci (例示) 7 山	8 登る Cm (習慣) Ci (例示) 8 太陽	9 気持ちいい Ep (心情) Ci (例示) 9 海	10 泳ぐ Cm (習慣) Ew (自我) 10 かなづち	11 練習 Ew (期待) Cs (性状) 11 上達	12 嬉しい Ep (心情) Ew (意志) 12 プレゼント	13 喜ぶ Ep (心情) Ci (語韻) 13 喜ばせる
14 楽しみ Ep (心情) Ci (例示) 14 映画	15 くつろぐ Ep (心情) Ci (固有) 15 ドライブ	16 車 Ci (同位) Ci (固有) 16 シェンタ	17 降りる Cm (習慣) Ci (反対) 17 のぼる	18 頂上 Ci (場所) Ci (例示) 18 富士山	19 バイク Cm (体験) Cm (体験) 19 霧	20 見えない Cm (体験) Ci (例示) 20 こころ
21 難しい En (心情) Ci (具体化) 21 漢字	22 国語 Ci (上位) Cm (習慣) 22 読む	23 読書 Ci (同義) Ci (例示) 23 本	24 好き Ep (心情) Ci (反対) 24 嫌い	25 避ける En (心情) Ci (同位) 25 逃げる		

「面倒くさくっても，やらなければならないことは，やらなければ」。この一連の夫婦の会話は臨床的にきわめて興味深い。

　後半試行は，W1の初発語「学校（Cm）」で開始された。H2の「サッカー（Ci）」に対するW3の「観戦（Ew）」とH3の「勝つ（Ew）」の会話では，W：「（今日，テレビでバーレーン戦があるので）だから，観戦（する）」－H：「観るというのは決定なんで，勝ってほしいなんていう」。W19「バイク（Cm）」からH19「霧（Cm）」，W20「見えない（Cm）」までの一連の連想語は「体験叙述」であって，恋愛時代二人でバイクに乗って富士山にいったことがあるが，霧が深かったので何も見えなかったことが語られている。W20の「見えない」に対してH20で「こころ（Ci）」と反応している。H：「見えないものは，こころだから」。これにW21で「難しい（En）」と応えている。W：「主人のこころが見えない」。前半試行でもHは「こころ」と発語している。よほど気にかかっているらしい。W24とH24の「好き（Ep）－嫌い（Ci）」のパターンは前半試行（W7－H8）でもみられた。ここでも「嫌い」はEnではなく反対語に分類した。Hの語り：「いろいろなことが思い浮かんだんですけど，ちょっと単純な『嫌い』に収まった」。これに続くW25の「避ける（En）」で，Wは，

「(夫方の)おばあちゃんと言おうかなと思ったけど，悪いかなぁと思って，それで言葉を選んで(おばあちゃんを避ける)」と話している。

2) 連想語における隣接対の分析

CWA は，二人の間で行われる自由単一連想であるから，1つの連想語は，直前の相手の連想語に対する反応語であると同時に，直後の相手の連想語に対する刺激語となる。それゆえ，CWA における連想語の分類では，二者間で交互に生じる隣接対をつねに考慮しておかなければならない。

連想語の隣接対を分析するために，工夫されたのが表5の二元配置である。表の縦列がH，横列がWの欄である。表の各マスの斜線の右側にHの連想語の分類度数を，左側にWのそれを記入する。たとえば，前半試行の場合，初発語H1「涙」は En であるが，初発語であるために W との関係が決められない。そこでそれを一応 En の縦列のH の計に保留して，En の縦列を起点とする。次のW1の「海(Cm)」をその列と Cm の横列が交差するマスの左側にチェックする。今度は Cm の横列を固定して，H2の「山(Ci)」をその列と Ci の縦列が交叉するマスの右側にチェックする。以下同様の手続きでつづけ，W25「お茶(Ci)」を Ep の縦列と Ci の横列が交差するマスの左側にチェックして終了する。最後に連想頻度の合計をHとWそれぞれの計の欄に記入し，最初に保留していたH1「涙(En)」の1をHの En の計に加える。後半試行は，W1の「学校(Cm)」で開始されるから，まず Cm の横列を固定し，後はまったく同じ手続きで記入していく。

表5A，B (前半試行と後半試行) の結果はきわめて類似している。いずれも連想頻度はHの Ci とWの Ep，およびHの Ci とWの Ci のマスに集まっている。たとえば，表5AのH・Ci／W・Ep マスの右側の7は，直前のWの Ep に隣接してHの7つの Ci 連想が起こったこと，同様に同じマスの左側の6は，直前のHの Ci に隣接してWの6つの Ep 連想が起こったことを示している。WはHの Ci に対してかなり Ep で応えているのに対して，Hはただ単に Ci が多いばかりでなく，Wの感情を無視するかのようにWの Ep に対して Ci で反応することが多い。H・Ci／W・Ci の結果は，HであれWであれ，Ci には Ci が隣接しやすいことを表している。

表5 A　前半試行の連想語の隣接対による集計

W\H	E			C			Ui	Wの計
	Ep	En	Ew	Cs	Cm	Ci		
E　Ep		1/1	1	1		6/7		8
E　En						2/2		2
E　Ew			1/1			2/2		3
C　Cs						2/2		2
C　Cm		1/1			1	1		2
C　Ci	1			1	1	7/5		8
Ui								0
Hの計	1	2*	1	1	1	19	0	25

＊Hの初発語「涙（En）」を含む。

表5 B　後半試行の連想語の隣接対による集計

W\H	E			C			Ui	Wの計
	Ep	En	Ew	Cs	Cm	Ci		
E　Ep			1/1	1		5/6		7
E　En						2/2		2
E　Ew			1/1	1		1		2
C　Cs								0
C　Cm		1			1/1	4/3		6*
C　Ci	1	1/1	1		2/2	3/5		8
Ui								0
Hの計	1	1	3	1	3	16	0	25

＊Wの初発語「学校（Cm）」を含む。

このことから，CWAの連想語の分類に関して，Ciにカップリングが起こりやすいといえる。ちなみに，カップリングの条件を，隣接する2つの隣接対の関連で定義するならば，同一分類基準が最低3つ連続すること，つまり第三位置の応答がカップリングの決定因となる。Ciが3つ連続している例は前半試行で4つ，後半試行で2つある。しかも興味あることに6つともすべて第一と第三位置のCiはHであった。なお，Ci以外で3つ連続する例は，前半試行でEwが1つ，後半試行でCmが1つあるだけであり，いずれも第三位置はWであっ

3）HとWの連想語の特徴比較

CWAにおけるHとWの連想語の現れ方は，きわめて特徴的な違いを示している。図9A，Bにみるとおり，HはCi連想が前半試行で76%，後半試行で64%と圧倒的に多く，著しい偏りがみられる。それに比べて，Wは前・後半試行ともEpとCi連想がほぼ32%で均等であり，E（感情連合）とC（認知連合）の頻度の合計もほぼ同数である。HとWの連想頻度のχ^2検定の結果，前半試行では，$\chi^2 = 11.5$, $df = 5$, $p < .05$でその差は5%水準で有意であり，後半試行では，$\chi^2 = 9.7$, $df = 5$, $p < .10$で10%水準ではあるが有意差がみられた。

しかも図10A，Bに示すとおり，HとWのこの特徴は前半試行と後半試行でほぼ同じである。Hの前・後半試行の連想頻度のχ^2検定の結果は，$\chi^2 = 2.6$, $df = 5$, nsであり，Wの結果は，$\chi^2 = 4.3$, $df = 5$, nsであった。この結果から，二人のそれぞれの連想の仕方はきわめて一貫性が高いといえる。

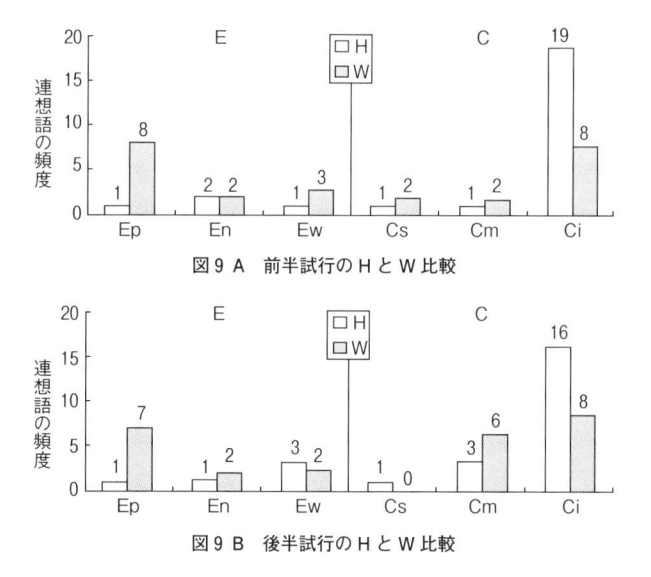

図9A　前半試行のHとW比較

図9B　後半試行のHとW比較

図10A　Hの前半と後半の比較

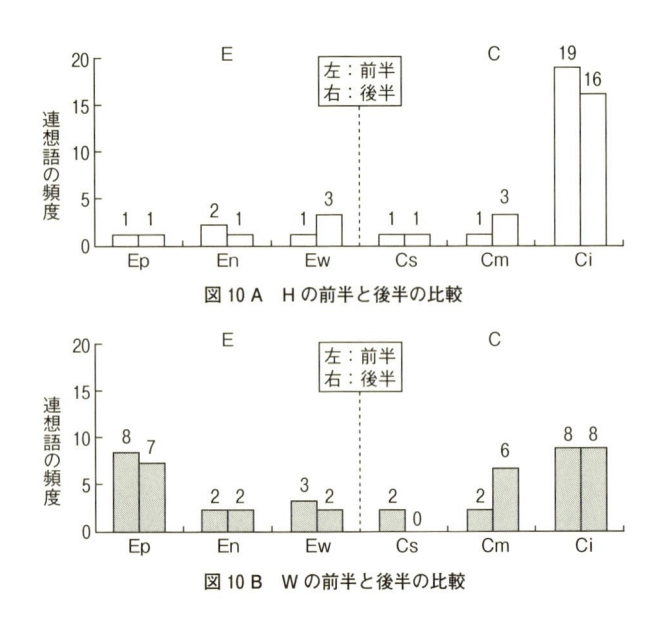

図10B　Wの前半と後半の比較

4）連想語の臨床的解釈

　CWAにおけるHとWのこの相違をどのように解釈すればよいのだろうか。残念ながら，T‐CWA法の実証的研究はまだ取り掛かったばかりで日が浅く，分析結果の臨床的解釈を行うための基礎データの積み重ねがない。HとWの連想傾向をあえて解釈しようとすれば，これまでユング型のWATで実施された戸川・倉石や小林，中島らの研究成果を援用する以外にない。

　感情連合および認知連合それ自体は，それらの連想頻度に極端な偏りがなければ，健全で常識的な人格特性の反映であるとみなされる。だが，Hの結果のように，言語連想において認知連合が過多で，感情連合が過少の場合，臨床的解釈上，問題にされることがある。すなわち，感情鈍磨，情緒性欠如，感情の平板化，共感性欠如などの人格特徴が疑われるのである。その点，Wの結果は感情と認知の均衡がとれており，しかも，情緒の豊かさや自己表現のよさを示すものといわれる肯定的な感情連合（Ep）が適度にみられ，健全なパターンであるように思われる。ただ，Epも極端に多用されると，情緒過多で理性欠如型人格特徴との関連が診断されることになり，要注意である。

　一方，否定的な感情連合（En）は，気分障害あるいは抑うつ傾向の指標とさ

れているので，抑うつ傾向が強くなるほど否定的な感情連合（En）が増加すると予想される。しかし，Hはうつ傾向を訴えているにもかかわらず，感情連合全体が少ないこともあって，前半・後半いずれの試行においてもEnの出現頻度は低かった。

過剰な自我滲出性（Ew）は，自我防衛機制の機能不全の表れである可能性が指摘されており，また自己中心的な自我連合（Ew）への強い固執性は，自閉的傾向や自己愛性人格特徴，あるいは小児様人格との関連が疑われることになる。しかし，本事例の結果では，両者ともEwの反応数は少なく，自我滲出性や自己中心性に関する問題はみあたらなかった。

最後に，了解不能な異常な連想（Ui）は，分裂傾向の特徴的な症状である認知障害や思考障害との関連が診断されるが，HとWの反応にはUiは皆無であった。

ただ，本事例の結果をユング型の言語連想の解釈と安易に関連づけることは危険であり，連想語の恣意的な解釈に陥らないよう，臨床的解釈は慎重でなければならない。

まとめ

本事例報告において，感情連合と認知連合の二分類基準をうつ傾向のある夫婦のCWAの内容分析に適用し，CWAにおける連想語の分類法を具体的に例示した。

実際に分析してみると，現実を捉える認知と感情の二重システムの調和と均衡を健全で自律的な精神活動の基礎とみなすチオンピの感情論理仮説をあたかも実証するかのような結果が得られた。すなわち，うつ傾向のある夫の連想語には認知連合のCiへの極端な偏りがみられたのと対照して，妻の連想語では，感情連合と認知連合のバランスがとてもよくとれていた。言語連想の臨床的解釈では，感情と認知の均衡性の視点からの分析がきわめて重要であると考えられる。

むろん，この一事例のみでチオンピの仮説が検証されたということはできない。今後実績を積み重ねて，その結果にもとづいてさらに分類基準を簡便で精緻なものに仕上げるとともに，妥当な臨床的解釈の道を模索する必要がある。

事例4　CWAを活用した高齢者の語りの展開（参加試行）

　高齢者を対象とした心理療法的アプローチとしては，バトラー（Butler, R. N., 1963）によって提唱された回想法がよく知られている。高齢者の人生の回想を専門家が共感的・受容的に傾聴し，意図的に働きかけることによって，人生の再評価やその意味の再発見が起こるとされる[35]。ここでは，回想法的視点をベースに高齢者に対してT－CWA法を適用することによって，それが高齢者のライフレビューの語りの展開にどのように影響するかを吟味した事例を報告する。本事例において，80歳の女性高齢者を被験者として，ほぼ一週間間隔でT－CWA法を3回連続して適用し，その前後にライフレビューの自由な語りの聴き取りを実施した。得られた結果は，高齢者のライフレビューの語りに及ぼすCWAの有用性を実証した。

1）被験者：本研究の趣旨について説明した後，同意を得られたK市在住の年齢80歳の女性高齢者1人を被験者とした。被験者は父も兄も教師という教師一家に生まれ，自身も現役時代は保健師として社会的活動に従事していた。以下Cと表記する。
2）実施期間：200X年7月上旬～8月中旬。ほぼ1～2週間の間隔をおいて下記の5回面接を行う。被験者の体調に十分配慮しつつ，被験者のペースに合わせて実施した。実施時間は，それぞれ約1時間。
　（1）CWA実施前のライフレビューの自由な語り（半構造化面接）
　（2）CWAの実施
　　　　第1回目のCWA（CWA Ⅰ：初発語「甘え」）
　　　　第2回目のCWA（CWA Ⅱ：初発語「教育者」）
　　　　第3回目のCWA（CWA Ⅲ：初発語「夫婦」）
　（3）CWA実施後のライフレビューの自由な語り（半構造化面接）
3）初発語：CWAでは初発語をとても重視する。なぜなら，初発語がその後のCWAの流れを規定する重要なファクターになると考えられるからである。

CWA Ⅰの初発語は，CWA実施前の被験者の語りから選択して「甘え」とした。以後の初発語は直前のCWAの内容を吟味して多少戦略的に選択し，CWA Ⅱ「教育者」およびCWA Ⅲ「夫婦」に決定した。

結　果
1）CWA実施前の語りの特徴：「かくあるべしの鎧を着た堅い語り」

CWA実施前の語りでは，明治生まれの昔気質の親から厳しく躾けられた生い立ちから語り始められ，教師一家に育ち，女学校時代に戦時教育を受け，成人してからは保健師として社会的に自立したかくしゃくとした女性像が表現されていた。その大半は，保健婦としての職業生活であり，「いい教えをして住民をよくする」社会貢献の生き方についての語りであった。それはCの内面を吐露したというよりは，全体的に人としてのあり方や女としての生き方はかくあるべき，母親はこう子育てをすべき，家庭はこうあるべきという，Cの正義感あふれた堅い信念がとうとうと述べられたものである。たとえば，

「今，離婚する人もいるけど，どうかなあ。子どもからすると，お父さんお母さんですもんね。よっぽどしっかりしていないと，……日本の国は辛抱の国，我慢の国を植えつけられたから，それはちいちゃいときにそう植えつけられてたんだろうと，そう思います」。

「親が子を殺したり，子が親を殺したりっていうことじゃなくて，理性より情のバランスが……ちっちゃいときは（きちんと）育てた方がいいんじゃないかなって思います」。

「……今は男女共同参画って言うけど，私たちの考えが古いんですかね。（主人を）支えていくのも，子どもを立派に育てていくのも大事じゃないかなあって思います。1歳の頃から保育園にやるのも大事だけど，生存競争を学ぶだけです。思いやりの精神ていうのはちいちゃいときには母親がぎゅっと抱きしめることによって……でるんじゃないかなあって思いますけど。夜間保育がどうのこうの，そこまでするよりは旦那の方にもっと給料をたくさんあげて，家庭を守って日本の国がよくなるのをせめて3つぐらいまではいた方がいいんじゃないかなあ。……相互扶助の精神を日本のみんなが理解して欲しいと思います」。

「その頃は家庭訪問やらして回って，病む人にいい教えをして……予防の話をして回った。……住民をよくするために保健行政に携わり，……」

「退職した後，社会をよくし，みんなをよくする……看護の知識を社会的に伸ばそう……賢いお母さんを育てていかないと今後はだめだよなあってことを痛切に感じていました。たまたま健康体操っていう仕事があって，『自分の健康を自分で守るようにしましょうね。ぴんぴんころり行きましょうね』とアドバイスしながら指導しています。私は今80歳です。体操をしてよかったなあと思います」。

このように，それぞれの語りの終わりは「〜してよかった」という自分の人生に対する自信に満ちた自己肯定的語り口であり，C自身の内面や弱みなどにつけいるすきはまったくなく，見事な外壁を整えた堅い語りに終始していた。

2）3回のCWAの構造分析

以下，3回のCWAの結果を分析し，それがどのように展開され，CWA実施後の語りにどう反映されるかを吟味する。なお，3回のCWAはそれぞれCWA Ⅰ，CWA Ⅱ，CWA Ⅲと表記し，連想語とリフレクティングする会話を引用する場合は，下記の例のように記述する。

例：C 3〈連想語〉「リフレクティングする会話」

CWA Ⅰ（初発語「甘え」）：CWA前の語りがあまりにも堅く，内面を覗くことができなかったために，少しCの心情を吐露させたいという意図で，CWA Ⅰの初発語を「甘え」とした。これは，土居が日本人の心性の中核として精神分析的に抉り出したきわめて重要な基礎概念である。Cの内面を語らせるのに格好の初発語であると考えた。しかし，この直球勝負は無残にも跳ね返された。すなわち，初発語〈甘え〉に対するCの連想語はC1〈だらしない〉であり，そのリフレクティングする会話で「甘えるのは自分をカムフラージュするものであり，だらしない行為だ」と甘えるのは人として許せない行為であると強い口調で否定された。初発語の「甘え」はCの堅く生真面目な信念に反していたため一蹴されてしまったのである。

C1の〈だらしない〉に対してTはT1〈ルーズ〉とカップリング応答をして

いる。C2の〈疲れ〉は「服装でだらしない身なりをしているとき」と具体的にリフレクティングされており，最初の〈だらしない〉が尾を引いていて，緊張感が漂っていた。

これにTはT2〈ほっとする〉と肯定的にデカップリングしている。このデカップリングはとても効いていて，T13の〈いつも笑っている〉までリラックスした明るいカップリング相が継続する。T13の〈いつも笑っている〉はその前のT12の〈お母さん〉のイメージである。この〈お母さん〉に対するC13〈ありがとう〉について，リフレクティングする会話でCは，「感謝の心で，自分がいたのは母がいたから」と言いつつ「身体八腑これ父母に受く」と修身のことばを引用することで人としてのあるべき姿を語っている。

ところが，ここでまたCはC14〈ばっかじゃなかろうか〉と衝撃的な否定のデカップリングを行う。「悔しい思いをしたときは笑うんじゃない，残念だと引き締める」べきであり，「魂を入れ」なくてはならないとリフレクティングしている。この〈ばっかじゃなかろうか〉というCの連想語はTがたじろぐほどの強いインパクトを与えており，Tは全否定されたようにどぎまぎして92秒間も反応できないでいる。その後T14〈悔しい〉，C15〈残念〉，T15〈悲しい〉，C16〈思い出〉と否定的な感情を伴うカップリング相がつづいている。

これに対しても，TはまたC16の悲しい〈思い出〉をT16〈甘酸っぱい〉思い出にデカップリングする。これを受けてC17〈ロマンチスト〉，T17〈星空〉，C18〈ゆめ〉，T18〈ゴールに向かって〉と夢にあふれるロマンティックなカップリング相が持続する。

このT18〈ゴールに向かって〉にCが，C19〈突進〉とデカップリングしたために，T22までC好みの努力・頑張る・優れたモードのカップリング相に転換している。

T23の〈組み換え〉はもちろん遺伝子の組み換えの意であるが，Cはこれをクラスの組み換えと取ってC24〈別れ〉と応答した。それゆえ，その後の連想は，T24〈寂しさ〉，C25〈なぐさめ〉とつづく。これにもTはT25〈うれしい〉とデカップリングし，その後の連想を喜び・楽しいといった肯定的なカップリング相に相転移させている。

以上のCWA Iの特徴は，C1〈だらしない〉，C14〈ばっかじゃなかろうか〉，

C 19〈突進〉, C 24〈別れ〉にみられるように, C のデカップリングが否定的であるのに対して, T は T 2〈ほっとする〉, T 16〈甘酸っぱい〉, T 25〈うれしい〉と肯定的にデカップリングしていることである。CWA Ⅰ では, T に CWA を操作しようとする意識的な意図が働いている。C の一連の連想は教育者としての強い信念が鎧を着ているようでなかなか内面に踏み込めず, T は C の心に触れられないもどかしさを覚えた。

CWA Ⅱ (初発語「教育者」)：CWA Ⅰ の初発語「甘え」は, C の堅い信念にそぐわず, ますます堅い強固な連想を生む結果に終わった。そこで今回は C の信念の枠組みに添って「教育者」の初発語で CWA を開始した。そのためか, CWA Ⅰ ほどの語気の強さは影を潜めたが, やはり前と同じ信念に満ちた教育者としてふさわしいあるべき姿の連想が行われた。

表6　3回の CWA の連想語一覧

CWA Ⅰ (「甘え」)		CWA Ⅱ (「教育者」)		CWA Ⅲ (「夫婦」)	
C	T	C	T	C	T
1 だらしない	1 ルーズ	1 生い立ち	1 歴史	1 他人の始まり	1 合わせる
2 疲れ	2 ほっとする	2 積み重ね	2 成果	2 愛情を持つように努力	2 分かりたい
3 やすらぎ	3 心と体	3 上げる	3 実り	3 努力	3 探す
4 健康	4 いきいき	4 垂れる	4 謙虚	4 耐える	4 辛い
5 明るい	5 太陽	5 美しい	5 人柄	5 しょうがない	5 諦め
6 さんさんと輝く	6 光	6 あったほうがいい	6 余裕	6 繰り返し	6 リズム
7 ほっとする	7 一服	7 おおらか	7 のびのび	7 いいときもあるかな	7 望み
8 やれやれ	8 どっこいしょ	8 心豊かに	8 目指したい	8 ケースバイケース	8 切り替え
9 きついなあ	9 縛られる	9 努力	9 一歩	9 尊敬	9 勝てない
10 解放されたい	10 のびのび	10 前進	10 報われる	10 勝ってみよう	10 折れる
11 明るく	11 うきうき	11 望まない	11 失望	11 ゆずる	11 控えめ
12 喜び	12 お母さん	12 がっかり	12 むなしい	12 ありがたいと思う心	12 感謝

13 ありがとう	13 いつも笑っている	13 心むなしい	13 うつむく	13 感謝しようと努力する心	13 継続
14 ばっかじゃなかろうか	14 悔しい	14 悲しい	14 涙	14 一応にはいかない	14 難しい
15 残念	15 悲しい	15 あふれる	15 むせぶ	15 我をつまむ	15 甘え
16 思い出	16 甘酸っぱい	16 嘆き悲しむ	16 浸る	16 そうよかったね	16 支え合い
17 ロマンチスト	17 星空	17 努力	17 汗	17 助け合い	17 仲間
18 ゆめ	18 ゴールに向かって	18 涙	18 感動	18 喜び	18 悲しみ
19 突進	19 無我夢中	19 むせぶ	19 胸一杯	19 支える	19 つっかい棒
20 一生懸命	20 頑張る	20 例えようもない	20 言葉にできない	20 腹立たしい	20 怒り
21 底力	21 パワー	21 感謝の気持ち	21 ありがとう	21 意見のくいちがい	21 けんか
22 並みじゃない	22 優秀	22 嬉しい	22 相手に伝えたい	22 仕方がないと諦める	22 悔しい
23 遺伝子	23 組み換え	23 喜び	23 出会い	23 芝居を上手に	23 顔色を見る
24 別れ	24 寂しさ	24 大事	24 大切にする	24 立てる	24 おかげ
25 なぐさめ	25 嬉しい	25 感謝する	25 支えられる	25 支え合う	25 出会い
26 喜び	26 スキップ	26 嬉しい	26 巡り会い	26 まあいいか	26 手を打つ
27 はしゃぐ	27 楽しい	27 因縁	27 深い意味	27 よしとしなければ	27 妥協
28 嬉しい	28 やったあ	28 こだわらない	28 手放す	28 長い人生	28 山あり谷あり
29 万歳	29 小旗を振って	29 ほっとする	29 肉親	29 やりかえのできない性格	29 気づく
30 合図	30 ウィンク	30 ありがたい	30 この上もない	30 時に感謝時に打ち消す繰り返し	30 二人で一緒に

たとえば、初発語「教育者」に対しては、C1〈生い立ち〉と連想され、「恵まれた環境で素直に育った人がよい」とCWA ⅠのC11で語られた「明るくのびのびと育った子どもがいい」と同じリフレクションが繰り返された。この人柄に関するコンテキストのカップリング相はほぼT8の〈目指したい〉まで継続している。この相では、TはCに素直にカップリングしており、Cが好む教訓的な連想語が続いている。たとえば、C2〈積み重ね〉、T2〈成果〉、C3〈上げ

る〉，T3〈実り〉，C4〈垂れる〉，T4〈謙虚〉，C5〈美しい〉，T5〈人柄〉などである。その後もC7〈おおらか〉，T7〈のびのび〉，C8〈心豊かに〉など人柄の属性に関連する連想語がつらなっている。C6の〈あった方がいい〉では，人として「あった方がいいのは人徳であり，備わった方がいい」とリフレクトされている。

この連想の流れは，C9の〈努力〉で少し軌道修正される。〈努力〉はCがよく口にする言葉であり，T9〈一歩〉，C10〈前進〉と接続されている。

続いてCWA Ⅰでも語られた人としてのあるべき姿が再度現れる。T10の〈報われる〉に対して，C11〈(報いを)望まない〉と応答している。リフレクティングする会話で「相手にこうしてあげたんだからって恩に着せない」と述べられている。その後，T11〈失望〉からC16〈嘆き悲しむ〉，T16〈浸る〉まで否定的な感情のカップリング相が形成されている。

次にまた，今回のCWA ⅡでCにとって2度目の〈努力〉がC17で発せられている。このカップリング相では，前半は努力にまつわるT17〈汗〉とかC18〈涙〉といった平凡な反応であるが，後半はT18〈感動〉からT21〈ありがとう〉，C22〈うれしい〉まで肯定的な感情で紡がれている。

初発語がCに合わせた「教育者」であったことから，Cの連想は，〈努力〉が2回，〈感謝〉が2回，〈うれしい〉が2回，そのほか〈ありがたい〉などCの思いが存分に発揮された内容になっており，リフレクティングする会話からも，Cの教育者としての教訓に満ちた連想であったことが窺える。

たとえば，C15の〈あふれる〉では，「喜びにしろ悲しみにしろ無性に（涙が）出るときがあるが，心を落ち着かせて清めるためにもあふれるほど出した方がよい」と教訓的にリフレクトされている。また，C17〈努力〉のリフレクティングする会話では，「悲しみに浸るだけでなく，起き上がり努力を積み重ねていく」と語られており，続いてのC18〈涙〉では，「人は涙を流さなければものになりませんよ」とこれまた教訓的語りが繰り返されている。C25の〈感謝の気持ち〉も同様で，「人は感謝の気持ちがないとだめ」という内容が述べられている。

ここまでのCWAで，TはCの教訓的な信念や倫理観という自我防衛の厚い城壁に阻まれて，なかなかCの内面に触れることができず，手ごたえのなさを感

じていた。

　ここで特筆すべきは，T 22〈相手に伝えたい〉とデカップリングして，T がはじめて CWA に他者を登場させることによって連想を社会化していることである。しかし，C は依然として C 23〈喜び〉，C 24〈大事〉，C 25〈感謝する〉，C 26〈うれしい〉とこれまでの〈うれしい〉感情の延長線上で連想している。一方，T は，T 23〈出会い〉，T 24〈大切にする〉，T 25〈支えられる〉，T 26〈巡り合い〉と対人関係的側面を重視した連想を試みている。T 26 の〈巡り合い〉に C は C 27 で〈因縁〉と答えているが，それに対する T 27 の〈深い意味〉とは，「自分の計らいを越えた巡り合い」の意である。

　でも，そのすぐ後で C は C 28〈こだわらない〉と打ち消しており，対人関係的連想がきわめて稀薄であるようにみえる。ここで，職場の人間関係でうまく行かなかった時，「悲しいけど先に進むためにそこにこだわらない」とはじめて C の具体的で内面のエピソードが熱く語られた。さらに，T 28 の〈手放す〉に対する C 29 の〈ほっとする〉では，「子どもの独り立ち」が語られ，「手塩にかけたものが旅立ってくれたら寂しさを越えてほっとする」と親としての実感がしみじみと語られた。

　T 29 の〈肉親〉というのは「ほっとする人は母親，夫，子ども，気心の知れた人のなか」の意であるが，C の最後の言葉となる C 30〈ありがたい〉については「肉親だったらありがたい身の切れ，血の切れで，憎めないしかばうし，許せる。肉親ほどのことはない。憎しみ合うときや腹が立つ時もあるけれど（その感情は）流れて消えていく」と肉親への思いが語られた。

　CWA II の結果の特徴は，前回と比較して，T が相手の連想にカップリングすることに努めたせいか，デカップリングが非常に少ないことである。ただし，T 22 以後の T の連想の重要性は決して看過さるべきではない。T は他者を登場させて連想を社会化する意味あいのデカップリングを行っている。この最終段階の対人関係的側面を重視した T の連想が，その後の C の知人や子どもなどへの思いをのぞかせる連想へとつなぐ重要な伏線となっているように思われる。CWA II でも，終了直前までは依然として教育的・教訓的な色調が強く，「かくあるべき」の連想の流れが後半まで続いていたが，終わり際になって，これまでの人生に対する悔いややり残しなど，C の心情が語られ，肉親や家族への内

面の連想が表出され出した。これは,「教育者」の初発語によってCの信念を十分に連想させたことで, Cの堅い気持ちや身構えが徐々にほぐれていったためではなかったかと考えられる。あたかも, 前半はCの厚い城壁の周りをぐるぐる回るような感じの連想であったが, 最後に城門が少し開かれてCの内面が垣間見られたようなCWAであった。

興味深いことに, このCWA Ⅱで, 終了後のリラックスした雑談が非常に重要な機能を果たすことが示唆された。結婚や息子への思いが悔いや願望として語られ,「かくあるべき」の語りから等身大の本音が現れたように感じられた。雑談のなかで, Cから「夫以外の人と結婚していたら違う人生があったかも」とか「息子が子どもの時, 家に居てあげて『おかえり』と言ってあげればよかった」と過去の現実を仮定法化した語りがしみじみと話された。この「if……, then……。」(もし……だったら, ……かもしれない, だったら……。) という基本構文の「現実の仮定法化」は, ブルーナーがストーリーを展開するための物語的思考モードのきわめて重要な特徴としてあげているものである。現実の仮定法化がCWAでどのように使用されるかは今後の重要な課題である。

CWA Ⅲ (初発語「夫婦」):CWA Ⅱの最終段階および終了後の雑談でCの気持ちがふっとほどけた感じがしたし, 最初の頃の社会的たてまえ論から肉親や家族への内面の語りが垣間見られるようになったので, 最後のCWA Ⅲでは, 家族に関連性のある「夫婦」を初発語とした。これによって, Cの厚い自我防衛の壁が打ち破られるかもしれないと期待してのことである。すると, CWA Ⅲでは, 折れない夫への腹立たしさと感謝する気持ち, 諦めとこれでよかったというアンビバレントな思いが繰り返し連想に現れ, その連想のほとんどがあるがままの内面や弱みの語りへと変化した。なお,「夫婦」という連想語はこれまで一度も語られたことがない。

「夫婦」から始まるCWA Ⅲでは, 親や子は血でつながっているが, 夫とは他人であることや, ひとつ屋根の下に暮らしていくには夫を立てて家庭が円満にいくように努力してきたことが具体的に, あるがままに繰り返し語られた。

たとえば, 初発語の「夫婦」に対するCの連想は, やや突き放したようにC1〈他人の始まり〉でスタートした。そのリフレクティングする会話は,「血の

つながらない者同士，ぜんぜん知らない者同士（見合い結婚ゆえに）がひとつ屋根の下に暮らすことの始まり」であった。これに対してTはT1〈合わせる〉とカップリングしている。今回のCWAでも，Tはひたすらカップリングすることに努めている。その後のカップリング相は，C7でCが〈いいときもあるかな〉とデカップリングするまで，CのC2〈愛情を持つように努力〉，C3〈努力〉，C4〈耐える〉，C5〈しょうがない〉，これに応じてTのT4〈つらい〉，T5〈諦め〉など否定的な連想語で彩られている。

　ここでCが〈いいときもあるかな〉と主導的にデカップリングしていることは注目に値する。これが最後に人生を肯定的に受容する連想で締め括る伏線になっている。その後のC9〈尊敬〉から始まるカップリング相では，T10〈折れる〉，C11〈ゆずる〉，T11〈控えめ〉，C12〈ありがたいと思う心〉，T12〈感謝〉，C13〈感謝しようと努力する心〉，T13〈継続〉，C14〈一応にはいかない〉，T14〈難しい〉，C15〈我をつまむ（我慢する）〉まで夫婦関係のパワーゲームの様相を呈する連想が継続している。C13の〈感謝しようと努力する心〉のリフレクティングする会話で「（もし結婚しないで）一人だったらどうなっていたか（自分が送ってきた人生より悪くなっていたかもしれない）と思うときもある」と仮定法を導入することで自分の結婚を納得している。

　CWA Ⅲで最も注目すべきは，T15の〈甘え〉という連想語に対するCの応答である。前述のとおり，〈甘え〉はCWA Ⅰの初発語であった。このときCは〈だらしない〉の一言で一蹴したのに，今回はC16〈そうよかったね〉と肯定的に受け入れている。Cの気持ちがほぐれてきたことが窺える。このため，T19〈つっかい棒〉まで，T16〈支え合い〉，C17〈助け合い〉，T17〈仲間〉，C18〈喜び〉，C19〈支える〉と社会的で肯定的なカップリング相が継続している。なお，T18の〈悲しみ〉はC18の〈喜び〉に対する単純な反対連想であり，Tのフライイングである。

　ところが，T19の〈つっかい棒〉に対してCは逆戻りしたかのようにC20〈腹立たしい〉と本音で反応している。その後のT20〈怒り〉，C21〈意見のくいちがい〉，T21〈けんか〉，C22〈仕方がないと諦める〉，T22〈悔しい〉と続くカップリング相は，否定的とならざるをえない。C22の〈仕方がないと諦める〉でも「別れたところでこれ以上の人生あるかいな」とブルーナーのいう

「現実の仮定法化」による納得の仕方がリフレクティングする会話でみられたのは印象的であった。

続いてCはC 23〈芝居を上手に〉と夫婦関係のコーピング法を提案している。その後2つのコーピング反応の後，TがT 24〈おかげ〉という連想語で反応している。この連想語はとても有効でCの琴線に触れている。なぜなら，その後のCは，C 25〈支え合う〉，C 26〈まあいいか〉，C 27〈よしとしなければ〉，C 28〈長い人生〉，C 29〈やりかえのできない性格〉，C 30〈時に感謝時に打ち消す繰り返し〉と，最後は〈まあこれでいいか〉と自分の人生を受け入れ，人生を達観するような連想語で締め括られているからである。TはT 28〈山あり谷あり〉，T 29〈気づく〉，T 30〈二人で一緒に〉とこれに自然に寄り添うような連想語で応答している。

この最終段階のCのリフレクティングする会話で「ほんとうに心のなかから尊敬するときと，ここは譲って上手に芝居するという2つの心で，『我をつまみ』ながら『円満ふうな芝居』をしながら暮らしてきた」「まあいいかと思い返しながら，喜びと思い返しと諦め」「時に感謝，時に打ち消す繰り返しの長い人生であった」「死んだとき，やれやれ長い芝居が終わったな」とCは，長い人生を肯定的に振り返りつつ来るべき死についてあるがままの気持ちも合わせて，自分の今の心境を繰り返し繰り返ししみじみと語った。

以上3つのCWAの結果をまとめると，初発語「甘え」で始まるCWA Ⅰは，Cの堅い生真面目な人生かくあるべきという語り口で特徴づけられ，つづくCWA Ⅱの初発語「教育者」では，堅い信念の連想から終了際にはかなり砕けた個人の内面の語りへ変化した。最後のCWA Ⅲの初発語「夫婦」からは終始等身大のあるがままの内面や心情の連想が素直に語られた。このCWAの展開には，「甘え」，「教育者」，「夫婦」という初発語がその順番とともにCの内面を語らせる上で有効に働いたと考えられる。問題はこのようなCWAの経過が次の自由な人生の語りにどう影響するかである。

3）CWA実施後の語りの特徴：「内面のやわらかい語り」

CWA実施後の語りでは，実施前の最後に語られた「社会貢献」の続きから始

められ，厳しい躾けのことや，そのせいで本音が言えなかったことなどが吐露され，それにつづいて孫への思いや自分の死についての考え方，さらには好きな人に出会えなかった悔い，人生の思い残しなどについて素直に告白された。その内容は，最初の強い社会的関心から徐々に自分自身の身近な問題へと移行しており，実施前の語りの自我防衛の殻が見事に破られて内面のやわらかい語りへと劇的な変化をみせた。語りの具体例を抜粋する。

CWA 前の語りと基本的には同じ保健師としての語り。

　「（夕べの夢の話）ああ，ばかんような，辞めて何十年になりますか。そんなことを私が一生懸命若い人たち（看護師や保健婦）にどこまで（医師に）ばかにされれば気が済むのねって，わあーって言って，今働く人たちに悪いけど，私はそう思うもん。……保健師・看護師って称号をもらって喜んでいないで，もっと自分が社会的に開業できる時代でしょ。医療の世界だけなんで踏み入れられないのね。……（キャリア積んだ）人はコンサルタントとして開業して……病院のなかにいなくて……アドバイザーすれば……」

明治生まれの母親に感情を出すことははしたないことであるという教えを受けたことで自分の本当の感情を抑え，子どものために自分を犠牲にしてきたことの語り。

　「『自分の感情を出したままで人に接するんじゃないよ』って言われて（母に育てられて）いるから，なんか大変ですよね。……はしたないという躾けを受けてきたので自分のことをあれこれ人に言うことはしないし，できないところがある。……きついけど『きつい』って言えない……『あんたがしてよ』って言えないし，『私がしますがあ』っていうような気持ちで……明治時代の時代錯誤かもしれないけど，……犠牲っていうわけじゃないけど，そのほら尊い精神っていうのかなあ，自分をつぶしても子どもは育てていこうて，それがないからこういう（親が子どもを殺したり，きょうだいで殺しあったりする）変な世相になったんかなって思う……80 歳代の私たちには考えられない。明治の教育は古いかもしれないけどよかったのかなあって思っています。なんにしても親の躾けだと思いますよねえ。……心のゆとりとか美しい国とか言葉じゃなくて，ほんとうにこう真からそういう（思いやりのある）時代がくることを望みます」。

CWA Ⅲ の C 15〈我をつまむ〉と同じ思いが述べられている。ただし，ここでは子どもに対してのものであるが，CWA Ⅲ では夫に対して〈我をつまむ〉であった。

次の語りには，障害児を仮想した現実の仮定法化による人生の納得の仕方がみられる。

「娘のところも息子のところも孫が受験でなんか一生懸命みたいだけど，私そんなにトップトップっていかなくても真ん中ぐらいでいいんじゃないかなあって……今のところは難しそうな子もいないし出来のいい子もいないし悪い子もいない。……孫に障害児がいておばあちゃんと代われたらねえとか思わんでいい，そういうことがないから，まあまあいいのかなあ……ほんとに平凡で……ありがたいことだと思う」。

「そうねえ，そうねえ，まあいい人生だったっていうことにしておきましょう(笑い)。腹が立ってちゃんちゃんばらばらまではいかないけど真剣にケンカするときは他人だけど，この年になればケンカする元気もない。ケンカをするってやっぱ子どものことですよねえ。意見がねえ。……今は奥さんの考えに従っているけど，昔の男性はなんか知らんけど俺が俺がっていうあれがありますもんね」。

自分の人生を「まあこれでいいか」と肯定的に受け入れ，人生を達観したような語り方は，CWA Ⅲ の最後の一連の連想とまったく同じであり，CWA の結果が反復されている。

知人と死んだら誰とお墓に入りたいかという話題になって，自死の語りから人生や夫との関係が述べられた。

「死んだら分骨して田舎の母の下に行きたい……そうすれば代が違うし迷惑だしねえ……（でも）やっぱり母といたいねえ……主人とずうっと一緒にいるより(笑う)。主人はぜんぜん他人でしょう……母親と一緒に眠った方が気がなんか楽な気がする……慈しみ育ててくれた親がいたから今の自分があるって思いますよね……主人のおかげは（子どもを）産ませてもらったことが夫の恩（笑い）……」

「主人はぜんぜん他人でしょう」という語りは CWA Ⅲ の初発語「夫婦」に対する C 1〈他人の始まり〉とまったく同じ思いであり，母親への感謝の気持ち

は，CWA ⅠのT 12〈お母さん〉に対するC 13〈ありがとう〉にも現れている。リフレクティングする会話でも「感謝の心で，自分がいたのは母がいたから」と同じ内面の語りが行われていた。CWAの連想とふつうの語りはCの同じ共通の思いから生まれたものと考えられる。

　終了後の雑談のなかでの思わず出た思い残したことについての本音の語り。
　「思い残すことは好きで好きでたまらないという人と出会わなかったこと。もし，巡り合っていたら，母の墓に一緒に入るって言わないと思う。……娘は好きで一緒になったから，泣き言を言わず，親に頼らず我慢できたみたい……（私と）同じ年齢の人たちは見合いが多かった。戦後で若い男性はいなかったので，独り者の同級生（独り身の女性）もいっぱいいるなかで（私が）結婚できたのはよかったと思う」。

おそらく3回のCWAの実施がなければ，明治生まれの母から慎み深く育てられたCの口から，このような「好きな人と出会いたかった」というような「はしたない」言葉が出てくることはなかったかもしれない。最後にCの内面からの素直な思いが語られたことは幸いであった。

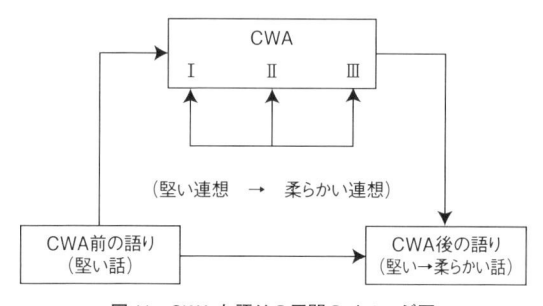

図11　CWAと語りの展開のイメージ図

　以上の語りの展開は，実施前の語りを始点にしてまるで3回のCWAをなぞるダイジェスト版と言えるような内容であった。実施後のはじめの「社会貢献」の語りはCWA実施前の語りと基本的に同じ枠組みの語りであった。次の「躾け」の語りも同様であったが，締め括りはCWA Ⅲの最後の「人生を受け入れる」一連の連想と同じ内容の語りが反復されており，「墓」の語りやその他いくつもの箇所でCWAの影響が色濃く認められるのはきわめて興味深い。この実

施後の語りの経過には，3回のCWAを通してCの気持ちが徐々にほぐれ，たてまえの堅い語りから内面のやわらかい語りへと変容していった様子が窺える。

CWA実施後の語りの内容が，CWAの成り行きと重なるように展開されたことから，CWAが人生の自由な語りの変容にある役割を果たしたと考えられる。むろん，この一事例のみで，CWAがつねに語りの展開に対して有効な機能を果たすと結論づけることはできないが，3回のCWAの展開やCWA実施前後の語りの変容から，語りにおけるCWAの有効性について一定の示唆が得られたと言ってもよいと思う。

事例5　CWAの臨床語用論の具体的事例（参加試行）

臨床の語用論におけるキーワード，メタファー，現実の仮定法化がCWAにおいてどのように働いているか，それらがCWAをいかに豊かなものにするかを実際の具体的な事例に即してみてゆこう。

この事例は，仕事上の悩みから自分の置かれている現在の状況に不安を覚え，人生の迷いの最中(さなか)にある女性（50歳代）を相手に，実施者（40歳代，女性）がCWAを実施した結果である。メタファーや象徴の使用によって見事にCWAのリフレクティングする会話が展開されている好例として紹介する。実施者をセラピスト（T），相手をクライエント（C）と呼ぶことにする。

表7　臨床語用論の具体例〔初発語：「心」〕

連想語	リフレクティングする会話
	T：私が最初に言った言葉は「心」でした。それは，これ（CWA）を始める前に伺ったお話のなかでお金とか仕事は自分ではどうしようもできないが，心は自分の持ち方で変えることができるとおっしゃっていましたので……それに対して「深い」と，それは？
C1：深い	C：「心」って言われたら，こう，イメージがドーンって自分のハートで……イメージで深いっていうか，入ってくるような。
T1：思いやり	T：最初のお話からCさんの「心」のイメージ，人への「思いやり」を非常に強く感じました。「相手」とは？
C2：相手	C：やっぱり，一人では生きていけない。いろいろな人とのかかわりのなかで生きていける。

T2：考える	T：そうですよね。私もいろいろ「考えて」しまいます。
C3：悩み	C：自分はいつも「悩み」の中にいる。だから。
T3：迷う	T：悩んでいたら，「迷う」ことが多いだろうな。
C4：道	C：まあ，どの「道」を行くかなぁ？
T4：たどる	T：私はここですごく悩みました。「道」と言われ，どれか「道」を選択し，決めた「道」を「たどる」のだろうなって思いました。
C5：迷い	C：決めかねてしまう。決めなければと思いつつも迷ってしまう。「迷い」がある。結構いい年なので迷ってもいられない。（笑い）
T5：探る	T：迷っているのは，どれがいいのかと「探る」ことなのでしょうか？ C：そのあと私は何と言いましたか？ T：「心」
C6：心	C：あぁー，やはり自分の心に正直，まぁ自分の心を大切に。
T6：思う	T：きっといろいろ「思う」ことがあるだろうな。
C7：自分	C：まっ，「自分」の心，気持ちひとつだということ。
T7：見つめる	T：いつも自分の心を「見つめて」いるだろうなぁと思って……「心」2つ前と同じ言葉が。
C8：心	C：えっ，あの〜，一番大事なものをとりたい。沈黙（20秒）
T8：考える	T：だいぶCさんが考えていらっしゃったのでついていこうと必死でした。そして「考える」しか出てきませんでした。「生き方」この言葉は結構速くでてきましたね。
C9：生き方	C：自分がこれからどう生きたいのか。「生き方」ですよね。
T9：人生	T：「人生」そのものかな。この時2つ答えがあるが，そのうち1つを選んだ方が自分に正直だからということでしたよね。もう1つは何でしたか？
C10：道	C：いえ，「道」が2つに見える。「道」が2つあり，で，やっぱりそこに立って，まっ，こっちに行きたいけど（沈黙），1つは今，父ですよね。そこにいろいろな関わりがあるので，ここに行った方が自分の気持ちに一番正直に生きられるのかなっていう「道」がある。 T：その「道」を選ぶことが正直な気持ち？ C：そう，正直な気持ち。（沈黙）
T10：歩く	T：「歩く」に対して「ゆっくり」。
C11：ゆっくり	C：焦って決めないで，こう，「ゆっくり」……まっ，ゆっくり，焦らないでゆっくり決めたいというのがある。うん。（沈黙）
T11：立ち止まる	T：「立ち止まる」こともあるのかな？　ここ気持ちが合ったみたいですね。
C12：振り返る	C：あのー，先のことを決めるのに過去のことも「振り返り」ながら決めたい。
T12：見つめる	T：振り返って自分の人生を「見つめる」ことですか？　この後随分悩んだようですね。
C13：自分の心	C：今までずっと周りを気にして生きてきたので，ちょっとしんどかった。あまり無理しないで「自分の心」に素直に生きたいってこと。
T13：正直	T：「正直」に。自分に正直になりたいのでしょうね。
C14：素直	C：無理しないで「素直」に生きられたら気持ちがまっ楽，楽しいだろうなぁ。
T14：願い	T：そう生きられたらいいですよね。私も同じです。「願い」ですね。

C 15：目標	C：	いろんな意味で「目標」ってあるんですよね。ん～，今，手話をしている，まっ，何に結びつくかわからないけど……まだ漠然としたものしかないけど目標を持ちたい。何か目標を持てたらいいなぁ。
T 15：希望	T：	将来に対する「希望」をお持ちだろうな？　「希望」と私が答えたら，二つ答えがあるということでしたが，1つに決めていただきました。「手探り」以外は？
C 16：手探り	C：	もう1つ？　何でしたっけ？　忘れてしまいました。（笑い）ごめんなさい。今，「手探り」している状態です。見えたり，見えなかったり，とくに漠然としてあるけれども……今はね。
T 16：模索	T：	「模索」している時かな？
C 17：方法	C：	まっ，そうですね。とりあえずは，今は仕事をしているので，仕事をしながら将来のことを，こうできる「方法」……他にもないかなって考えている。
T 17：見つかる	T：	「見つかる」といいなぁ。「見つかる」か「見つけられる」か悩んだのですが，前向きに「見つかる」がいいなって。この後すぐ答えられましたね。
C 18：大切	C：	もう，そのーいらないものは，そのー見栄とか人のあのー，金銭欲とかみんな剥ぎ取って自分に一番「大切」なものは何なのか，まっ，そのために生きている。
T 18：自分	T：	Cさんにとって「大切」なものは何だろうなぁ。これは私の思いからなんですが，「自分」を大切にしてほしいなって思いました。ここははずれてしまい，「小さい」と返ってきました。
C 19：小さい	C：	「小さい」自分に何ができるか？
T 19：器	T：	その言葉から「器」に譬えたのだろうなと。「器」から「入れる」。
C 20：入れる	C：	いろんなもの。が入るんだけどな，器の中には。
	T：	それは自分の中にということ？
	C：	そう，そう，そう，自分を器に譬えて，いろんなものが入るんだけどなぁって。私，入る物もないし，入れる物もたいしてないなぁっていう，うん，うん。
T 20：中身	T：	そう思っていたのですか？　私は入れる「中身」が大切なのかなと思って。
	C：	まっ，うん，うん，うん。それもある。
	T：	そしたら，「靄（もや）」って。
C 21：靄（もや）	C：	うん，だからわからない。
	T：	つながっていたんですね。「中身」がわからないから「靄（もや）」。
	C：	（笑い）うん，うん，うん。
T 21：手探り	T：	私はうまく気持ちが合わせられないと思って焦りました。だから，見えないから「手探り」。まさに私の状態でした。（笑い）「手探り」していることは「大切」なことだったのですね。
C 22：大切	C：	やっぱり自分の気持ちってこと。
T 22：人	T：	そうだったんですね。私は「人」との関わりにもっていってしまいました。そしたらいきなり「森」でしょ。わっ，私，完全に間違えたと非常に困りました。（笑い）
C 23：森	C：	ちょっと今，人との関わりに疲れているので，森の中に入ってこう，

V．データ処理法の例示としての事例報告

	あのー，緑を眺めながら，森の中で一人になってちょっとのんびりしたいなぁってって……「森」
T 23：光	T：「森」を暗いイメージにしたくなかったので，木々の間から差し込む「光」，まぶしい「光」がすぅーっと浮かんできました。さあーっと差し込む「光」，きれいな「森」を勝手に想像してしまいました。
	C：そう，そう，私もそういう感じの「森」，明るい，向こうからこう，光が差し込んでくる「森」。
	T：あーよかった。私が勝手に明るい方向へもっていこうとしてしまった。「光」から「朝焼け」っていうのは？
C 24：朝焼け	C：「朝焼け」っていう表現はどうしようかなって思って。私の中で「朝焼け」っていうのは，朝，曇っている雲の隙間から太陽の光がばぁーってさしてくる感じ。
	T：じゃあ，「森」と同じような感じなんですね。
	C：そう，そう，そういう感じの，うん，こう，下付近はまだ，ほら雨が晴れ上がっていないんだけれども，「光」が，ばあーっと差し込んでくる，ああいうイメージなんですよ。
T 24：開ける	T：私も同じような感じが浮かび，赤い色が浮かんできたんです。それって「開（ひら）ける」ようだなあと思いました。
C 25：舟	C：「舟」に自分が乗って，「舟」っていっても大きな豪華船ではないのよ。ちっちゃな，ほら，自分たちが田舎で育った，木彫りのそういうあの「舟」。「舟」に乗ってどこかにいくような。
	T：2，3人しか乗れないような，手漕ぎのボートのような。
	C：そう，そう，そう。その「舟」という字がぴったりなんです。（私の気持ちは正しく「舟」，この字の通りだった。決して「船」ではないの）
	T：その「舟」に乗ってどこかに行こうと……
	C：うん，うん。
T 25：大海	T：その小さい「舟」で「大海」に漕ぎ出すわけですよね。
C 26：波	C：これはおっきな波ではなく，さざ波みたいなちっさい波。大海の中のこの小さな波。
T 26：ゆらめき	T：さっきの「光」のイメージがまだ続いていて，きらきらとした「光」の「ゆらめき」が目の前に広がりました。
	C：あっ，そういう「ゆらめき」。あぁー（少し沈黙）あのー，ゆらゆらの「ゆらめき」かなって。
	T：太陽の「光」と「波」の「ゆらめき」。
C 27：陽炎	C：あー，あー，そういう「ゆらめき」だったのー。あのー，ほら，昔『次郎物語』をテレビで観たことがあるんですよ。で，その中で，あのー「陽炎（かげろう）」って言葉がよくでてきて，ゆらゆらってしたら，「陽炎」ってイメージがあった。
T 27：儚さ	T：私にとって「陽炎」ってすごーい儚（はかな）いんですよ。でも儚いより「儚さ」の方が心にフィットしたんです。
C 28：命	C：まっ，「命」ってのはいつ終わるのかもしれない。そこにつながる。「命」っていうと母のことが。うん，……「命」って言ったら母のことが頭に浮かぶ。いつ終わるともしれない。
	T：お母さんは，もう……

	C：うん。そう，そう，そう。
T 28：生きる	T：お母さんのことだったのですか？　わからなかった。(苦笑)「生きる」ことって考えますよね。
C 29：死	C：「生きる」ってことは，「死」につながる。(深い沈黙)
T 29：受け入れる	T：「受け入れる」しかないのかなぁ……
C 30：現実	C：う〜ん，うん，うん。(沈黙) まっ，……「現実」はまだ，ほら，あのー，……変わらない。迷いの中にいる。うん。(沈黙)
T 30：人生	T：「現実」を生きていること，すなわち，「人生」かなって，……
	T：(これをやって) いかがでしたか？
	C：自分の気持ちをしっかり覗けた感じ。言葉を選ぶことによって，自分の気持ちに気づくことができる。探り出せる。自分の思いがこう，今，私ってこうなんだって，見た感じがした。これ (CWA) をしているといろいろ出てくる。「命」で突然母のことを思い出し，思いもよらぬ内面を見た。母のこともそうだし，森のことも。人を避け，ホッとしたい気持ちが入っているなっていう気持ちにも気づけた。

　このCWAの流れをキーワードを拠り所におおまかにパンクチュエートすると6つのカップリング相が浮かび上がる。最初の出だしのC2「相手」までは連想がうまく噛み合っていない。初発語「心」の影響で，Cは6，8，13と3回も「心」の連想語を使用している。

　T2「考える」からT8「考える」までの連想のやりとりは，「心」をキーワードとして第1カップリング相を構成する。現在のCの「心」の状態がC3「悩み」やC5「迷う」等の連想語で表現されている。ここで「道」は，単なる道路のことではなく，人生のメタファーとして使用されている。それは，次の相のT9「人生」に対するC10「道」の連想語対で如実に示されている。Tは，心の働きであるT5「探る」，T6「思う」，T7「見つめる」，T8「考える」等の連想語で積極的にCの連想に働きかけている。「見つめる」は次の相のT12でも出てくる。

　つづく第2のカップリング相は，キーワードが「心」から「生き方」に変わり，「生き方をゆっくり振り返る」ことをプロットとして，T12「見つめる」まで継続する。T12の「見つめる」に対してCがC13「自分の心」と応じたことから，次の第3のカップリング相が展開される。それは，T13「正直」，C14「素直」を経てC15「目標」，C16「手探り」，T17「見つかる」までつづく。この相で注目すべきことは，(現実はそうはいかないけど)，もし「自分の心」に「素直」に生きられたなら，楽だろうな，という現実の仮定法化が見られることで

ある。それはC 14の「無理しないで『素直』に生きられたら気持ちがまっ楽，楽しいだろうなぁ」というリフレクティングする会話から推察される。この相は，願いや希望を叶える方法は（きっと）「見つかる」というT 17の連想語で終わる。

　ここまでの前半のCWAの流れは，Cの現在の心境にTが寄り添いながら励ますという内容の連想がつづき，やや平板でさしたることはない。みるべきメタファーが使用されていないせいであろう。ところがこれ以降，後半に入って，CWAが急激に深まり，多彩なメタファーの使用によって二人の間に豊かな想像世界が展開される。第4カップリング相では，C 18「大切」―T 18「自分」とC 22「大切」―T 22「人」を契機として同じような連想パターンが二度反復されている。前者は，C 18「大切」からT 21「手探り」までで，Tが無意図的に連想過程に放り込んだキーワードとなるT 19「器」は，小さな自分についてのメタファーである。自分の中に入れるものがC 21「靄（もや）」みたいにつかみどころがない。まさにT 21「手探り」状態である。「手探り」はC 16とT 21で二人がいずれも使用している。後者の相では，その直前でC 22「大切」に対してTがT 22「人」とデカップリングしたこと（実は，Cにとって「大切」なものとは「自分の心」だったのであるが）によって，C 23「森」からT 24の「開（ひら）ける」まで将来に向けての明るいイメージが紡ぎ出されている。「森」は自分一人で安らげる場所を象徴している。この「森」はメタファーがきわめて重要なキーワードとなる具体的な例である。この一連の連想過程は，「（現在は）こう，下付近はまだ，ほら雨が晴れ上がっていないんだけれども，『光』が，ぱあーっと差し込んでくるああいうイメージなんですよ」というC 24のリフレクティングする会話によく反映されている。

　この明るい想像世界は，次の第5相の小舟で大海に漕ぎ出すというイメージへ発展する。C 25「舟」は小さな自分の譬えであり，T 25「大海」は生きていかなければならない世界のメタファーであると考えられる。ここでもメタファーが重要なキーワードとなって，この相のプロットを特徴づけている。C 26の「波」は世間の荒波のことではなく，小さなさざ波のことである。まだ荒波を乗り越えるだけの自信はないらしい。だからこの相の締め括りは，C 27「陽炎（かげろう）」―T 27「儚（はかな）さ」となる。「陽炎」は，C 21の

「靄（もや）」と同様に，現在自分が置かれている状況の不確かさ，寄る辺なさを反映したものなのであろう。

C 18「大切」からT 27「儚さ」までの2つの相がこのCWAの白眉である。メタファーの使用がCWAを奥深く豊かなものにしている。Cは，森の木漏れ日や雲間から差し込む朝焼けのような明るく美しい光景を想像したり，小舟で大海に漕ぎ出すというイメージを描くことはできるものの，まだ，靄や陽炎のような現実感の乏しい儚さの中に身を置いている。

「儚き」ものはC 28「命」であるという連想からT 30「人生」までが第6相，このCWAの最終相を構成する。C 29の「死」については，もし「死」が避けられないものであるならば，「受け入れる」しかないだろう，という現実の仮定法化がみられる。Cの「現実」はまだ迷いの最中(さなか)にあるが，それが「人生」というものだろうという終結語でCWAの全過程が幕を閉じる。

まとめ

以上の結果から，CWAの解釈に臨床語用論を有効に活用することができること，またメタファーの使用によってCWAがいかに意味豊かなものになるかが立証されたと思う。最後に，具体的事例を提供してくれた実施者の実施体験の感想を紹介しておこう。

実施者の感想

クライエントは自分の気持ちから発する言葉，セラピストは意図的に選択した言葉であるにもかかわらず，それこそどこに流れていくのかはわからないが，自然と物語ができていく。最初は緊張して焦ってしまったが，終了時には二人で物語を共有できた充実感でおだやかな気持ちになっていた。クライエントとの一体感を体験できる心地よさはCWAならではのものであろう。

確かに，一連の連想語についてのリフレクティングする会話が治療的会話になることを身をもって実感できた。単にカップル言語連想のみで終わるのではなく，それについての振り返りの会話によって，クライエントにCWAの自己回帰的リフレクションが起きていることを強く感じた。

その際，30ある言葉の内，すべてを同じように話題にするのではなく，（キーワードやメタファーを参照しながら）連想の流れのどこを捉えて膨らませてい

くのか,どの連想語にこだわって掘り下げ,深めていくのかは,カウンセリングと同様,セラピストの力量が試されるところである。

　日本語はとてもきれいな情緒ある言葉である。もっと言葉にこだわりをもち,言葉のもつ特性を生かすことで,CWAが趣深いものになっていくのではないだろうか。

【補遺】

T－CWA法におけるリフレクションの尺度化の試み
—EXPスケールを参考に—

　T－CWA法における連想語の分類基準については，精神機能の基本的な2つの現象型である感情と認知をもとに感情連合と認知連合（それぞれ4つの下位カテゴリーを含む）の二分類基準で臨床的診断用の分類法を作成し，これを実際の事例に適用してきた。一方，リフレクティングする会話に関しては，ナラティヴ・アプローチの観点から，一連の会話の流れに区切りを入れて，小さなまとまりごとにプロット化し，それをつなぎ合わせて全体のストーリーを読むという作業を行っている。

　CWAとそれについての会話は，ただ表面的な言葉のやりとりだけのものもあれば，心の深層に触れるような深い思いについての言葉のやりとりもある。CWAを媒介としたリフレクティングする会話が自己の内面についてどのような表現様式で行われているかを客観的に評定するには，リフレクションの尺度化を試みる必要がある。いうまでもなく，T－CWA法は，ジェンドリン，E.T.の「フォーカシング」とはまったく異なる理論的背景をもつ別領域の技法である。だが，CWAを行っている過程で，参加者にはさまざまな体験過程が伴う。それゆえ，CWAにおけるリフレクティングする会話の評定尺度（以下，CWA－R評定スケールと呼ぶ）を構成する際に，彼らの体験過程（EXP）スケールが大いに参考になるように思われる。

　そこで，補遺として，クライン，M. (1970, 1985) や池見　陽ら (1986) のEXPスケールを下敷きにして，これに独自の要因を加味し，CWAにおけるリフレクティングする会話を評定するためのCWA－R評定スケールの作成を試みる。

1. EXP スケールの概要

　EXP スケールは，クライエントが"何を"語るかという話の〈内容〉ではなく，"どのように"語るかの〈プロセス〉に注目して，体験過程様式を操作的に7段階で評定するものである（表8）。面接の録音記録とその逐語記録を資料として使用する。このスケールは，言葉による表現を評定する尺度であるから，言葉にされていない体験過程は評定されない。しかし，言葉の使われ方の微妙な違いに注目することによって，内的な体験過程の流れを数値的に捉えることができるように工夫されている。低い段階では注意が自分の外側に向けられているが，段階が上がると自分の内側に向けられるようになる。会話が内面の感じに触れながらその細部を明示的に言語化していると，やがて気づきを得る段階にまで達する。EXP スケールは，ジェンドリンの体験過程理論（Gendlin, E. T., 1964）にもとづいてクラインら（Klein, M. et al, 1970；1985）によって作成されたものである。日本で一般に使用されている日本語版 EXP スケール（池見ら，1986）には，クライエントの発言を評定するクライエント用 EXP スケールとは別にセラピスト用 EXP スケールも用意されている。ただし，CWA－R 評定スケールの作成のためには，セラピスト用は不要なので，以下，クライエント用だけを取り上げる。

表8　7段階 EXP スケールの概要（久保田・池見, 1991）

段階	評定基準
1	話し手と関連のない外的な出来事について語る。
2	話の内容は話し手と関連があるが，話し手の感情は表明されない。知的あるいは行動的な自己描写。
3	外的な出来事に対して話し手の感情が表明されるが，そこからさらに自分自身について述べることはしない。
4	出来事に対する体験や感情が話しの話題。自分の体験に注意を向け，ふくらませたり，深めていったりする。
5	自分の抱えている問題に対して，問題や仮説提起をする。探索的，思考的，ためらいがちな話し方。
6	自分自身の新しい感情や体験に新たに気づく。話し手は新しい自己の体験や感情の変化について話す。
7	話し手の感情や内的過程についての気づきが拡がっていく。

この7段階EXPスケールを基本として，2つの方向のヴァージョンが試みられている。1つは，これを個々の具体的な面接技法に適合するように修正するもので，平松ら（1998，2000）の箱庭療法面接のための体験過程スケール（EXPspスケール）の作成がその例である。

　もう1つは，7段階スケールをもっと理解しやすく，利用しやすいように簡略化しようとする試みである。三宅ら（2007）は，7段階モデルのもついくつかの問題点を指摘して，段階1と2，および段階6と7をそれぞれひとつの段階として括り，5段階モデルへの改訂を試みている。ただ，7から5へ段階数を減らすだけではなく，従来のEXPスケールで数値で表されていた各段階を，意味的な要素を重視してVery Low（VL），Low（L），Middle（M），High（H），Very High（VH）と名づける改訂も行った。さらにVLとLは話し手の関心が出来事に向いていることから，「出来事中心の段階」，Mは話し手の関心が感じられることに向き，気持ちが中心に語られることから「気持ち中心・情緒中心の段階」，HとVHは語られた感じが吟味され，新しい側面が創造されていくことから，「創造過程の段階」と大きく3つのカテゴリーに分けている（表9）。三宅ら（2005）は，5段階EXPスケールの簡易版として，EXPチェックリストの作成も検討している。

表9　5段階EXPスケール（三宅ら，2007）

段階		評定基準
出来事中心の段階	Very Low (VL)	話し手は出来事を語る（自分に関係のない出来事，あるいは自己関与がある出来事）が，気持ちの表現はみられない。
	Low (L)	出来事を語る中に気持ちの表現があるが，気持ちは出来事への反応として語られている。
気持ち中心の段階	Middle (M)	出来事への反応としてではなく，自分のあり方を表明するように気持ちが語られている。豊かな気持ちの表現がみられるが，そこから気持ちを吟味したり，状況との関連付けなどを試みたりはしない。
創造過程の段階	High (H)	気持ちを語りながら，その気持ちを自己吟味したり仮説を立てて気持ちを理解しようとしている。話し方には沈黙がみられることが多い。
	Very High (VH)	ひらめきを得たように，気持ちの側面が理解される。声が大きくなる，何かを確信しているような話し方に変化することがある。

2. CWA－R評定スケールの作成

　CWA－R評定スケールの作成に当たって，7段階モデルよりも5段階モデルの方が分かりやすいし扱いやすいので，三宅らの5段階EXPスケールをモデルとして採用する。なお，CWAとそのリフレクティングする会話は，二者間で対等に協働しながら行うものであるから，セラピストの介入の意図の有無にかかわらず，EXPスケールのようにクライエント用とセラピスト用の区別はしない。クライエントとセラピストに同じスケールを併用して互いのリフレクティングする会話の評定を行う。

　ただ，リフレクティングする会話は基本的に連想語を説明する陳述であるが，クライエント（C）とセラピスト（T）の語り口は当然異なる。Cはただ自分の連想語を発した時の考えや感じ，連想の状況を素直に語るだけである。一方，Tの語りは，①まずCの語りを短く受け返してから，②自分の連想語についてなぜそれを発したかの理由（Cの〈思い〉の推測であることが多い）を語り，③最後にCの次の連想語に言及するというパターンを基本型としている。たとえば，「なるほど，そうだったんですか。○○だったんですね。私はあなたの言葉を聞いてあれこれ考えたのですが，ひょっとして△△じゃあないかなと思って，××と言ったら，◇◇だって，これは？」といったぐあいにである。リフレクティングする会話では，CとTとが交互に自分の連想語について語ることになるので，それぞれの語りを1つのセグメントとして評定する。

　段階区分の3要因：CWA－R評定スケールは互いのリフレクションのやり方のレベルを評定するものである。そこには自我関与の有無の他に，説明や解釈，推測，判断などのメタ認知過程が表現されることがある。そこでスケールの区分をリフレクション，自我関与，メタ陳述の3要因によって5段階に分類する。

　自我関与では，一般論的な陳述ではなしに，〈私〉の個人的体験の陳述がみられるかどうかを吟味にする。リフレクションでは，自己の内面に関する内省とか反省，あるいは気づきなどの陳述の有無が問題である。リフレクションとメ

タ陳述とは重なる部分が多いが，リフレクションがもっぱら自己の内面の体験に関わるのに対して，メタ陳述は自己の内外に関係なく出来事や体験の陳述についての陳述のことである。ここでメタ陳述について簡単に触れておく。

対象陳述とメタ陳述：陳述は〈対象陳述〉と〈メタ陳述〉に分けられる。陳述についての陳述を〈メタ陳述〉といい，メタ陳述が言及する当の陳述を〈対象陳述〉という。「私は『あなたを傷つけた』ことに深く傷ついている」。この陳述は，二重括弧内の対象陳述についての陳述，つまりメタ陳述である。対象陳述は，ものや出来事，感情や認知を直接的に表す言語表現であり，それに言及するメタ言語表現には，解釈や説明，判断，操作などの認知過程，あるいは認知過程に関する感情的評価などの広範囲の心的事象が包摂される。このようなメタ過程は精神活動においてある種の創造性を発揮する上で重要な働きをすることがある。精神分析における自由連想の解釈やフェルトセンスを言語化するように働きかけるフォーカシング，あるいは前述のEXPスケールの問題や仮説の提起もメタ・レベルに位置する。精神活動のメタ・プロセスなしに，気づきや洞察，フェルト・シフトなどは起こりえない。

理解しやすいように，簡単な例を示しておこう。

表10　5段階の例示

連想語	リフレクティングする会話	段階の理由
雨	梅雨で雨がつづくもんで……	段階1：雨についての自我関与のない対象陳述。
気が滅入る	雨がつづくとなんとなく気が滅入るものです。	段階2：雨に対する自我関与のない一般論のメタ陳述。
うつ	雨がつづくせいで私は今うつなんです	段階3：自分の気持ちの対象陳述。
五木寛之	最近，五木さんの本読んだんですけど，うつって別に悪いものじゃないのかなぁって，勇気づけられて，だから……	段階4：自分のうつ状態に対するメタ陳述
晴れ	そうか，天気でも雨の日もあれば晴れの日もあるよね。心だって同じじゃん。気が滅入ることもあれば晴れることもあるってこと。これって当たり前のことですよね。そのことに気づいて，うつをあまり深刻に悩まないで，気軽にやり過ごせるようになりました。	段階5：メタ陳述による創造的気づき

5段階CWA－R評定スケール：CWA－R評定スケールは，三宅らの5段階EXPスケールに倣って，まずリフレクションを基準にして，段階1と2を「非リフレクションの段階」，段階3を「中間（あるいは移行）の段階」，そして段階4と5を「リフレクションの段階」と大きく3つのカテゴリーに括る。非リフレクションの段階は，自我関与のない一般的な陳述の段階で，自己の内面へのリフレクションはみられない。中間（あるいは移行）の段階は，言語的陳述のなかに自己が明確に立ち現れる段階であるが，まだ自己の内面へのリフレクションは稀薄である。それに対して，リフレクションの段階は，自己の内面へのリフレクションが言語陳述の中に明確に表現され，それにもとづく気づきとその展開（行為との結びつき）がみられる段階である。各段階の判定基準を表11に示す。

表11 CWA－R評定スケールの判定基準

	段階	判定基準
非リフレクションの段階	段階1	自我関与のない外的出来事や行為の認知，あるいは社会に一般に通用しているものの見方や考え方の表面的な対象陳述で，一般的な言い方に終始する。感情表現はみられない。外的な光景をイメージとして思い浮かべて陳述されることもある。言葉の慣用句，よく知られた物語，歌のフレーズを用いた陳述など。
	段階2	段階1のメタ陳述。つまり，自我関与のない外的な出来事や行為に関する知的な説明や感想，解釈，見解，評価などが自分とは関係なしに評論家的に語られる。感情や思考に関する陳述がみられることもあるが，それは他人事のような一般的な言い方である。自我関与は言葉ではなく，暗黙裏に表現される。外的な出来事や状況そのものの対象陳述ではなく，それに関するメタ陳述であるところが段階1とは異なり，自我関与が稀薄で個人的な陳述がみられない点が段階3とは区別される。
中間（あるいは移行）の段階	段階3	自己の個人的な出来事や行為に対する自我関与が明確に表明される対象陳述。自分の内面に触れた感情表現を基本に，自分の意志や願望，行為，考え，経験，意見，感想などが言葉で表現される。現在の自分の状況や経験，あるいは過去の体験を思い出して語る。未来の自分の不安や希望を語ることもある。段階1と2の非リフレクションの段階から段階4と5のリフレクションの段階への移行段階である。自己の内面の対象陳述はあるが（段階1, 2との違い），まだそれに関するメタ陳述はみられず，リフレクションも稀薄である。（段階4, 5との違い）

リフレクションの段階	段階4	段階3のメタ陳述。自分や相手の感情や思考を対象化してメタレベルから解釈し、それを言葉で陳述する。語られる言葉の中に自己の内面への内省や反省、他者の内面への推察が見られる。セラピストの陳述にはクライエントの気持ちを推測する言葉が多い。この場合、自分をある状況に置いたときの"感じ"、自分を相手の立場に置いてみた感想が述べられることもある。問題提起や仮説提起が行われるのもこの段階である。「〜かなあ?」、「〜かもしれない」という表現がみられる。また、自己の経験の直接的な陳述は段階3に判定されるが、メタファーによる表現はより高次のものであると考えられるのでこの段階に評定される。
	段階5	段階4のリフレクションを経て、自己の内面の感情や体験に対する新しい気づき、洞察が陳述の中にみられる。さらにそれが発展して、日常の行為に結びつける語りが行われる場合もある。「ああ、そうだったんだ!」(洞察)、「そうだったのか、だったら〜しよう。」(行為への結びつけ)などの 言葉が使われる。

段階1〜3までは、クライエントにもセラピストにもよくみられる。CWAとそれにもとづくリフレクティングする会話は、クライエントの陳述が段階5に達することを目指している。それゆえ、セラピストには段階4での応答を行うことが要請されている。しかし、たとえセラピストが段階4で応答したとしても、クライエントの陳述が段階5で起こることは稀である。気づきや洞察はしばしばCWAの終了後の雑談で起こることがある。

3. CWA−R評定スケールの評定例

上記の判定基準を使ったCWA−R評定スケールの具体的な評定例を各段階ごとに例示する。これは、T−CWA法を大学院の実習として実施した事例の逐語記録から該当する部分を一部抜粋したものである。事例Aは院生のTKの事例報告であるが、段階4に該当する陳述が多くみられたものの、段階5に達する例がなかった。それゆえ、別の院生のTNの結果を事例Bとして追加させてもらった。「　」は連想語、〈　〉は相手のあいづちや言葉、(　)は表情を表している。

【事例A】（TKの事例，2007より）

段階1：自我関与のない一般的な考え方の陳述

C 10：友情	積もる……，積み上げていく，積み上げてつくっていくものを想像した時に〈はい〉，これも，たぶん，たくさん思い浮かぶんですけど〈はい〉，今回は「友情」が思い浮かびました。
T 10：共有	積み上げていくものとして「友情」が思い浮かんだわけですね。〈はい〉，わかりました。まぁ，その積み上げていくものっていろいろありますよね。時間であったり，想い出であったり……ね。そういうものといったらやっぱり友だち同士で共有できるものかなと思ったので「共有」という言葉を出しました。それに対して「苦しみ」とお答えになられておりますね。これはどういう意味でしょうか？

段階2：知的説明のメタ陳述

C 11：苦しみ	幸せ……幸せというポジティブなものがあって，逆にネガティブなものもあって〈はい〉，どちらもあって，うーん，人を強くするのは幸せよりも「苦しみ」かなと思って〈ええ〉，「苦しみ」が浮かびました。〈人を強くするもの……〉ええ，はい，そうですね。幸せだけを一緒に過したものよりは「苦しみ」を共有した仲間の方がより強固なものになる……〈つながりが強固になる〉，はい，そうですね。そういうイメージです。

段階3：自我関与のある自己の感情の表現

T 11：哀しみ	わかりました。まぁ，その「苦しみ」という言葉から，僕は「哀しみ」とお答えしたんですけれども，やっぱり，その苦しいこと自体が哀しいんじゃなくて，哀しいことがあって苦しいなと……うん，まぁ，今現在の僕の心模様が反映しました（ふふふ，苦笑）。それに対して，「乗り越える」って，これは？

段階4．自己の内面の感情についての解釈や説明によるメタ陳述

T 24：出逢い	人生とは旅である，ということですね？〈はい〉わかりました。旅の中には出逢いと別れがあって，繰り返しに，うん，それで未来志向的に「出逢い」とお答えしました。それに対して「一期一会」。これは？
C 25：一期一会	うーん……一瞬，ちょっと，哀しさ的なことも思ったんですけど，でもなんか僕の中ではそれを言いたくなくて……出逢いがあって別れだよっていうことに抵抗があって〈はい〉，出逢いって凄く大事なものなんだよっていう思いが強かったんですよ。で，それをどう言い表したらいいかなと思ったんですよ。そして「一期一会」だなぁと思いまして，はい，で，そうしたら別れという意味も少しは含まれているんじゃないかってね，はい。

【事例B】(TN の事例，2009 より)
　段階3：自己の感情体験の語り

C9：高校3年生	うん，高校3年の時は，クラスの女の子がすっごい仲良くて〈ああ〉，でこう，一致団結っていえるぐらいすごく楽しくて〈うんうん〉。でもその自分の個々の時間も大事にしたりとか〈ふーん〉，なんかこう自立している人が多かった〈なるほど〉から，なんか今以上にほんとにこう充実してたのが，高校3年生だから，うん〈あ，ほんと，今より良かったのか，ああなるほど，良い高校生時代だったんだね〉。楽しかったです，高校の時はほんと楽しかったです〈ほんと〉うん。

　段階5：新しい気づきの表現

C11：過去への執着	なんか逆に，こう，高校の時が楽し過ぎて〈ああ〉，なんか，なんて言うんだろ，現実ちゃんとみていないのかなぁって思ったりして，逆に〈なるほど，ああ，なるほどね〉，うん，すっごい高校が楽しかった分，今がそんなに，普通っちゃ普通だから〈うんうん〉，でま，そんなにこう友だちとこう〈うん〉一緒に意気投合してやることもないし〈ああ，そうか〉，だから逆に自分が執着し過ぎて，なんか今を楽しめないのかな，と思って〈なるほど，すごい良かったんだね〉うん〈ああ，そういう意味での執着なのか〉うん。

　この段階5の例では，気づきの陳述はみられるが段階4の仮説提起に近い。確信のある気づきとなって行為と結びつくところまでは発展していない。もしそこまでの陳述を仮想するならば，次のような言い方になるだろう。「ああ，そうだったんだ。大学生活がなんか味気ないと感じていたのは，高校時代があまりにも楽しかったからなんだ。そうなんだ。あれを今までずっと引きずっていたのか。今まで気づかなかった。そういえば，あの頃の友だちとも随分疎遠になっていたなあ。そうだ，今夜にでもTELしてみよーっと！」

4. CWA－R 評定スケールの信頼性

　上述の TN の事例の全逐語記録に CWA－R 評定スケールを適用し，このスケールの信頼性を検討した。

　評定の資料：CとTのそれぞれ30回ずつ，計60回の｜リフレクティングす

る会話」をそれぞれ1セグメントとし，評定のための資料とした。

　評定者：筆者を含めて3人。各評定者は逐語記録の60セグメントについて最初から順番にそれぞれ個別に評定を行った。評定者の3人はいずれもEXPスケールの評定にはある程度の経験がある。

　評定方法：本評定の前に，本評定の資料とは別のCWAの「リフレクティングする会話」の資料を用いてCWA－R評定スケールの評定練習を3時間行った。

　なお，評定に当たっては，逐語記録に表現されている当該セグメントの文言だけを評定の対象とすること，その前後の文脈に影響されないこと，セグメントの中の一番高く評定される文言の値をそのセグメントの代表値とすること，および評定者の推測や期待などの主観的要因をできるだけ排除することを申し合わせた。

　評定の信頼性：3人の個別的な全評定値を対象に，Ebelの級内相関（interclass method）により信頼性係数r_{33}を求めた結果，$r_{33} = 0.83$という高い値が得られた。この値は，このスケールの信頼性を十分に立証するものといえよう。

　なお，評定練習時間は3時間しか取らなかった。他のEXPスケールの研究ではもっと長時間の練習を行っている場合が多い。しかし，練習時間を長く取り過ぎると，信頼性係数の値が尺度の信頼性を反映しているのか学習効果によるのかが不明になる。そこで，ここではCWA－R評定スケールの判定基準の共通理解ができる範囲に練習時間をとどめた。

5. むすび

　本節では，EXPスケール，特に三宅らの5段階モデルを参考に，CWA－R評定スケールの作成を試みた。これは，T－CWA法におけるリフレクティングする会話が自己の内面の思いについてどのような表現様式で行われているかを

表12　3要因と段階の関係

	自我関与	メタ陳述	リフレクション
段階1	×	×	×
段階2	×	○	×
段階3	◎	×	△
段階4	○	○	○
段階5	△	△	◎

客観的に分析するための尺度である。5段階区分を行う目安として3つの要因を考えた。リフレクションと自我関与とメタ陳述である。5段階区分と3要因の関係を表12に示す。

　表中の△は，陳述のなかにそれが見られる場合もあれば見られない場合もある，つまり段階を判定する上で，必須の条件ではないことを意味している。また，◎は○をさらに強調したものである。たとえば，段階3では，自己の個人的な内的体験の陳述がみられることがもっとも重要な特徴であり，段階5の◎は，気づきや洞察，あるいはその発展を得るために自己の内面のリフレクションが不可欠であることを示している。ただし，洞察が得られる瞬間は，インスピレーションと同様，自己意識は希薄化されている。また，気づきが起こるにはメタ陳述の果たす役割が重要であるが，気づきそのものの陳述にはメタ陳述が不可欠というわけではない。したがって，クライエントの会話が段階5までに達するには，段階4でのセラピストの会話がきわめて重要であると考えられる。

　ワクテル，P.L.（2004）は，何を語るかという話の"内容"を焦点メッセージ，それをどのように語るかという話し方によって伝わる"意味"をメタ・メッセージと呼んで，このメタ・メッセージの中にこそ治療的変化の可能性があることを強調している。そして，その治療的変化を促進するものは，単なる知的気づきではなく感情体験を伴う気づきであると述べている。いわゆる，知的洞察と情動的洞察の区別である。しかし，彼自身も指摘しているように，治療過程の

録音テープを聞いて，クライエントが実際に情動的な気づきをしているのか，それともただ言葉で表現しているだけなのかを明確に区別するのは難しい。心理療法家たちが，自らの治療体験を通して"実感を伴う洞察"の重要性を感じてはいるとしても，EXPスケールにしろCWA－R評定スケールにしろ，それらのスケールは表現された言葉を対象に評定する尺度であるから，そこにはおのずから限界がある。だからといって，会話を客観的に評定することの意義が損なわれるわけではない。

　なお，EXPスケールは，名義尺度か順序尺度か，さらには間隔尺度とみなすのか，研究者によって議論の分かれるところであるが，三宅らはあくまで段階を追って進む順序尺度として扱うのが適当であると考えている。CWA－R評定スケールにおいても順序尺度として捉え，そのようにデータ処理を行う。すなわち，複数の評定者の評定値の平均ではなく，合議によってセグメントの代表値を決定するのである。

　本節では，CWA－R評定スケールの作成の試みを提案しただけで，リフレクティングする会話の実際のデータにもとづく妥当性テストは行っていない。他に妥当性を検証するための基準となる尺度がないからである。セラピストの臨床的体験による裏づけに頼るしかない。このスケールの妥当性の検証は今後の課題である。

参 考 文 献

1) 足立正道（2000）．言語連想検査における連想の論理的分類について　京都大学大学院教育学研究科紀要，**46**，325-335．
2) 足利　学・寺嶋繁典・豊田勝弘（1997）．言語連想検査における非定型精神病者の特徴　心理臨床学研究，**15**（2），205-210．
3) アンダーソン,H.＆グーリシャン,H.（1997）．クライエントこそ専門家である―セラピーにおける無知のアプローチ　マクナミー,S.＆ガーゲン,K.J.（野口裕二・野村直樹訳）ナラティヴ・セラピー―社会構成主義の実践　第2章　59-88．金剛出版
4) アンダーソン,H.（野村直樹・青木義子・吉川　悟訳）（2001）．会話・言語・そして可能性　金剛出版
5) アンデルセン,T.（1997）．「リフレクティング手法」をふりかえって　マクナミー,S.＆ガーゲン,K.J.（野口裕二・野村直樹訳）ナラティヴ・セラピー―社会構成主義の実践　第3章　89-118．金剛出版
6) アンデルセン,T.（鈴木浩二監訳）（2001）．リフレクティング・プロセス―会話における会話と会話　金剛出版
7) ベイトソン,G.（佐伯泰樹・佐藤良明・高橋和久訳）（1986）．精神分裂病の理論化へ向けて―ダブル・バインド仮説の試み　精神の生態学　295-329．思索社
8) ブルーナー,J.（田中一彦訳）（1998）．可能世界の心理学　みすず書房
9) チオンピ,L.（井上有史・深尾憲二訳）（1993）．心的構造の発生―心的領域におけるオートポイエーシス　現代思想，**21**（10），138-153．
10) チオンピ,L.（松本雅彦・井上有史・菅原圭吾訳）（1994）．感情論理　学樹書院
11) 土居健郎（2007）．「甘え」の構造　弘文堂
12) 長谷川啓三（1991）．構成主義とことば，短期療法の関係　長谷川啓三（編）構成主義―ことばと短期療法　現代のエスプリ，**287**，5-16．至文堂
13) 長谷川啓三（2005）．臨床の語用論とは？　長谷川啓三（編）臨床の語用論①―行為の方向を決めるもの　現代のエスプリ，**454**，5-17．至文堂
14) 平松清志・池見　陽・山口茂嘉（1998）．箱庭療法面接のための体験過程スケール作成の試み　人間性心理学研究，**16**（1），65-76．
15) 広野喜幸（1993）．円環をなす蟻―オートポイエーシス論からみた共同現象　現代思想，**21**（10），196-212．
16) フリード,A.O.（黒川由紀子・伊藤淑子・野村豊子訳）（1998）．回想法の実際―ライフレビューによる人生の再発見　誠信書房
17) 池見　陽・田村隆一・吉良安之・弓場七重・村山正治（1986）．体験過程とその評定―EXPスケール評定マニュアル作成の試み　人間性心理学研究，**4**，50-64．
18) ユング,C.G.（林　道義訳）（1993）．連想実験　みすず書房
19) 河合隼雄（1967）．ユング心理学入門　培風館
20) 川島隆太（2004）．脳を鍛える即効トレーニング　二見書房

21) 河本英夫 (1992). リビドーのオートポイエーシス イマーゴ, **3**（3）, 126-134. 青土社
22) 河本英夫 (1994). 精神のオートポイエーシス イマーゴ, **5**（3）, 234-245. 青土社
23) 河本英夫 (1995). オートポイエーシス—第三世代システム 青土社
24) 河本英夫 (2002). システムの思想—オートポイエーシス・プラス 東京書籍
25) 北村英哉 (2003). 認知と感情—理性の復権を求めて ナカニシヤ出版
26) 北山 修・妙木浩之 (編) (1989). 言葉と精神療法 現代のエスプリ, **264**, 9-24. 至文堂
27) 北山 修 (編) (1992). ことばの心理学—日常臨床語辞典 イマーゴ, **3**（9）, 8-13. 青土社
28) 北山 修 (2001). 精神分析理論と臨床 誠信書房
29) 久保田進也・池見 陽 (1991). 体験過程の評定と単発面接における諸変数の研究 人間性心理学研究, **9**, 53-66.
30) 小林俊雄 (1989). 言語連想法—WAT-Ⅱから見た心の世界 誠信書房
31) 小森康永・野口裕二・野村直樹 (1999). ナラティヴ・セラピーの世界 日本評論社
32) 康 智善 (1998). 刺激—反応間の概念的距離の次元からみた連想スタイルの分析—非制限教示における言語連想調査とロールシャッハ・テストの関連から 教育心理学研究, **15**（2）, 205-210.
33) 倉田正義 (1981). 精神薄弱児の自由連想に関する一研究 秋田大学教育学部研究紀要 教育科学, **31**, 39-48.
34) クリス, A.O. (神田橋條治・藤川尚宏訳) (1987). 自由連想—過程として 方法として 岩崎学術出版社
35) 黒川由紀子 (編) (1998). 老いの臨床心理—高齢者のこころのケアのために 日本評論社
36) マトゥラーナ, H.R. & バレーラ, F.J. (管 啓次郎訳) (1997). 知恵の樹 ちくま学芸文庫
37) 三宅麻希・池見 陽・田村隆一 (2007). 5段階体験過程スケール評定マニュアル作成の試み 人間性心理学研究, **25**（2）, 115-127.
38) 森 三樹三郎 (1992). 無為自然の思想—老荘と道教・仏教 人文書院
39) 森鼻雅代・氏原 寛 (1989). 摂食障害の人格特性—言語連想法の反応語における一考察 大阪市立大学生活科学部紀要, **37**, 177-188.
40) 森岡正芳 (1989). 臨床における言葉の機能と役割 北山 修・妙木浩之 (編) 言葉と精神療法 現代のエスプリ, **264**, 102-112. 至文堂
41) 妙木浩之 (1989). 〈ことばと精神療法〉の現在 北山 修・妙木浩之 (編) 言葉と精神療法 現代のエスプリ, **264**, 25-37. 至文堂
42) 妙木浩之 (1989). キーワードとメタファーの発見と使用 北山 修・妙木浩之 (編) 現代のエスプリ, **264**, 177-189. 至文堂
43) 妙木浩之 (2005). 精神分析における言葉の活用 金剛出版
44) 中島敦子 (1986). 言語連想法による分裂病患者の思考過程への接近可能性 筑波大

学臨床心理学論集，**2**，31-39．

45）野村晴夫（2005）．構造的一貫性に着目したナラティヴ分析―高齢者の人生転機の語りに基づく方法論的検討　発達心理学，**16**（2），109-121．
46）岡野憲一郎（1989）．言語と洞察―R．シェーファーの臨床的言語論　北山　修・妙木浩之（編）　言葉と精神療法　現代のエスプリ，**264**，113-123．至文堂
47）ピカート，M．（佐野利勝訳）（1964）．沈黙の世界　みすず書房
48）斉藤　環（2003）．心理学化する社会―なぜ，トラウマと癒しが求められるのか　PHP研究所
49）白石秀人・小川捷之（1981）．甘え理論に基づく言語連想検査作成の試み（予報）　横浜国立大学保健管理センター年報，**1**，7-63．
50）末岡一伯（1973）．精神薄弱児の言語連想に関する研究―その文法的分析　北海道教育大学紀要　第1部C教育科学編，**23**（1），172-182．
51）高橋規子・吉川　悟（2001）．ナラティヴ・セラピー入門　金剛出版
52）戸川行雄・倉石精一（編）（1958）．連想検査法　白亜書房
53）十一元三・神尾陽子（1998）．間接プライミングを用いた自閉症の言語連想の研究　精神医学，**40**（6），623-628．
54）十島雍蔵（2001）．家族システム援助論　ナカニシヤ出版
55）十島雍蔵（2005）．オートポイエーシス理論とは何か―システム療法の視点から　長谷川啓三（編集）　臨床の語用論①―行為の方向を決めるもの　現代のエスプリ，**454**，178-184．至文堂
56）十島雍蔵（2006）．T式カップル言語連想（T－CWA）テストについて　志學館大学心理相談センター紀要，創刊号，5-21．
57）十島雍蔵（2007）．T式カップル言語連想（T－CWA）の内容分析―連想語の分類について　志學館大学心理相談センター紀要，**2**，3-13．
58）十島雍蔵・片平眞理（2007）．T式カップル言語連想（T－CWA）ゲームの理論と方法　志學館大学大学院心理臨床学研究科紀要，**1**，3-25．
59）十島雍蔵・鞍掛和代・十島眞理（2008）．知的障害者にT式カップル言語連想（T－CWA）法を適用した一事例報告　志學館大学心理相談センター紀要，**3**，3-16．
60）十島雍蔵・鞍掛和代・片平眞理（2008）．T式カップル言語連想法を活用した高齢者の語りの展開について　志學館大学大学院心理臨床学科研究紀要，**2**，3-18．
61）十島雍蔵・山本ひとみ（2009）．T式カップル言語連想の臨床語用論について　志學館大学人間関係学部研究紀要，**30**（1），1-18．
62）十島雍蔵（2009）．T－CWA法におけるリフレクション尺度化の試み―EXPスケールを参考に　志學館大学心理相談センター紀要，**4**，3-11．
63）十島雍蔵・竹田尚登（2010）．T－CWA法のリフレクティングする会話にCWA－R評定スケールを適用した一事例（承前）　志學館大学大学院心理臨床学研究科紀要，**3**，3-13．
64）上田閑照（1997）．ことばの実存―禅と文学　筑摩書房．
65）若島弘文（2001）．コミュニケーションの臨床心理学―臨床心理言語学への招待　北樹出版

66) ワクテル, P. L.（杉原保史訳）(2004). 心理臨床家の言葉の技術―治療的なコミュニケーションをひらく　金剛出版
67) ワツラウィック, P., バヴェラス, J. V., ジャクソン, D. D.（尾川丈一訳）(1998). 人間コミュニケーションの語用論―相互作用パターン，病理とパラドックスの研究　二瓶社
68) やまだようこ (2000). 喪失と生成のライフストーリー―F1ヒーローの死とファンの人生　やまだようこ（編著）　人生を物語る―生成のライフストーリー　第3章, 77-108. ミネルヴァ書房
69) 山口智子 (2002). 人生の語りにおける語りの変容について―高齢者の回想に関する基礎的研究　心理臨床学研究, **20**（3), 275-286.
70) 吉川　悟・東　豊 (2001). システムズアプローチのよる家族療法のすすめ方　ミネルヴァ書房

資　料

資料 119

T-CWA
T式カップル言語連想法
T-Couple Word Association

志學館大学大学院教授 十島雍蔵 著

■検査月日〔　　年　　月　　日〕　■時間〔　：　～　：　〕

■記録者名〔　　　　　　　　　〕

A
氏　　名〔　　　　　　　〕
生年月日　　　年　　月　　日
性　　別　　男・女
所　　属〔　　　　　　　〕

B
氏　　名〔　　　　　　　〕
生年月日　　　年　　月　　日
性　　別　　男・女
所　　属〔　　　　　　　〕

二人の関係：

■教示■

これは、二人で行う言語連想です。

あたかも単語で会話するかのように、相手が言った単語を聞いて頭に浮かんだもの（こと）を交互に単語で報告してください。

連想した言葉に善い悪い、あるいは正しい間違いはありませんので、あまり考え込まずに、思ったままを自由に答えてください。

こちらで「**終わり**」を知らせますので、それまで続けてください。

終わったら一つひとつの単語について、それを言ったとき「**何を考え、どう感じていたか**」を順番に語り合います。ありのまま話してください。

はじめる前に少し練習を行います。

それでは最初の単語を言いますので、始めましょう。

T-CWA T式カップル言語連想法

T-Couple Word Association

主訴に関連する初発語 [　　　　　] （Thによる提示）

メモ						
A 連想語	1	2	3	4	5	6
A 反応時間						
B 反応時間						
B 連想語	1	2	3	4	5	6
メモ						

メモ						
A 連想語	11	12	13	14	15	16
A 反応時間						
B 反応時間						
B 連想語	11	12	13	14	15	16
メモ						

メモ						
A 連想語	21	22	23	24	25	26
A 反応時間						
B 反応時間						
B 連想語	21	22	23	24	25	26
メモ						

記録用紙

(単位：秒)

7	8	9	10
7	8	9	10

17	18	19	20
17	18	19	20

27	28	29	30
27	28	29	30

連想の所要時間
A：　　　　秒
B：　　　　秒
計：　　　　秒

連想反応時間
A { M：　　　　秒
　　SD：　　　　秒
B { M：　　　　秒
　　SD：　　　　秒

C. Yasuzo Toshima

■所見■

1) 連想システムの構造分析 〔カップリングとデカップリング〕

2) 連想システムの内容分析 〔連想語の内容と反応時間〕

3) その他 T-CWA で気づいたこと

総合所見

C. Yasuzo Toshima

T-CWA T式カップル言語連想法　　　　連想語の二分類基準の例示

感情連合（E＝Emotion）
　感情連合は、刺激語の示す対象や状況に自己の主観的な感情（心情）を結びつける反応。
　＊刺激語の示す対象に自己を関係つける「自我連合」も含む。

　肯定的感情連合（Ep：p＝positive）
　　　　例：好き、楽しい、嬉しい、喜び、安心、信頼、美しい、幸せ等
　否定的感情連合（En：n＝negative）
　　　　例：嫌い、悲しい、苦しい、辛い、不安、恐れ、怒り、恨む、不信等
　願望・意思連合（Ew：w＝wish or will）
　　　　例：欲しい、したい、する、やめろ、頑張る、耐える、我慢する、羨望等
　自我連合（Ee：e＝ego）
　　　　例：誇らしい、恥ずかしい、惨め、自慢する、相手を立てる、劣等感、自信、私等

認知連合（C＝Cognition）
　認知連合は、感覚・記憶・思考などの認知機能と関連した客観的・理性的な対象連合。
　＊単なる習慣的な言語のつらなりや音韻的な類似関係にもとづく「言語連合」も含む。

　感覚連合（Cs：s＝sensory）：刺激語の示す対象の性質や機能の知覚的認知にもとづくもの。
　　　　例：リンゴ―赤い（色彩反応）、箱―四角（形状反応）、氷―冷たい（感覚反応）、
　　　　　　机―木（材料反応）、鳥―飛ぶ（動作反応：飛ぶのは鳥の性質、機能の表現）
　記憶連合（Cm：m＝memory）：刺激語の示す対象に対する記憶経験の想起にもとづくもの。
　　　　例：本―読んだ、リンゴ―食べた、病気―治った等。習慣行為や個人的体験の叙述連合
　知的連合（Ci：i＝intellectual）：刺激語の示す対象間の関係把握にもとづくもの。
　　　　例：上位・下位・同位の概念関係（くだもの―ミカン）、なお反対語は同位連合、
　　　　　　接近・共在・場所などの空間・時間関係（茶碗―箸）、全体・部分関係（時計
　　　　　　―針）、因果関係（ストレス―うつ）、定義関係（1年―12ヶ月）、例示語（美
　　　　　　しい―花）
　言語連合（Cw：w＝word）：刺激語の示す対象とは関係のない言語習慣性の反応。
　　　　例：不潔―汚い、便所―トイレ、ダイコン―ダイジン、新聞―記者

了解不能な異常連想（Ui：U＝Understanding　i＝impossible）
　刺激語と反応語の関係だけで了解不能であるばかりでなく、リフレクティングする会話の
　内容からも了解不能な異常な連想関係。

T-CWA T式カップル言語連想法   連想語の分類

番号	連想語	分類	リフレクティングする会話の内容
A1			A:
B1			B:
A2			A:
B2			B:
A3			A:
B3			B:
A4			A:
B4			B:
A5			A:
B5			B:
A6			A:
B6			B:
A7			A:
B7			B:
A8			A:
B8			B:
A9			A:
B9			B:
A10			A:
B10			B:
A11			A:
B11			B:
A12			A:
B12			B:
A13			A:
B13			B:
A14			A:
B14			B:
A15			A:
B15			B:

記録用紙

番号	連想語	分類	リフレクティングする会話の内容
A16			A:
B16			B:
A17			A:
B17			B:
A18			A:
B18			B:
A19			A:
B19			B:
A20			A:
B20			B:
A21			A:
B21			B:
A22			A:
B22			B:
A23			A:
B23			B:
A24			A:
B24			B:
A25			A:
B25			B:
A26			A:
B26			B:
A27			A:
B27			B:
A28			A:
B28			B:
A29			A:
B29			B:
A30			A:
B30			B:

C.Yasuzo Toshima

126

T-CWA T式カップル言語連想法　　連想語の隣接対による分類

主訴に関連する初発語 [　　　　　] の分類 [　　　　　]

連想語の隣接対による集計

B \ A		E				C				Ui	Bの計
		Ep	En	Ew	Ee	Cs	Cm	Ci	Cw		
E	Ep										
	En										
	Ew										
	Ee										
C	Cs										
	Cm										
	Ci										
	Cw										
Ui											
Aの計											30

〔記入方法〕

　表の縦列はA、横列はBの欄である。連想語の分類結果は、表の各マスの斜線の右側にAの連想語の頻度を、左側にBのそれを記入する。たとえば、初発語の分類がEnでA1がCi、B1がEpだったとする。まず初発語を起点として横列のEnの欄を固定する。次に横列のEn欄と縦列のCi欄が交差するマスの斜線の右側にA1のCiをチェックする。つづいて縦列のCi欄と横列のEp欄が交叉するマスの斜線の左側にB1のEpをチェックする。以下同様の手続きでB30の分類までつづける。最後に連想頻度の合計をAとBそれぞれの計の欄に記入して終了する。

事項索引

あ
EXPスケール　102, 103, 105, 106, 110
意味生成機構　24
Ebelの級内相関　110
オートポイエーシス　iii, iv, 28, 69
オートポイエーシス理論　iii, 14, 22-24
オートポイエーティック・システム　21, 24
オルタナティヴ・ストーリー　31

か
外傷語　4
回想法　78
仮想現実　52
家族療法　35
カップリング　11-13, 24-30, 35, 62, 63, 74, 83, 85, 87
　――相　24, 25, 27, 29, 39, 40, 50, 51, 62, 63, 69, 81, 83, 84, 87, 96
感情システム　14
感情障害　15
感情－認知関連システム　14
感情連合　15-19, 50, 70, 71, 75-77, 101
感情論理仮説　77
感情論理説　14
間接連合　70
間接連想　6, 10, 61, 62
キーワード　38, 39, 92, 96-98
気分障害　17, 76
言語ゲーム　36
言語連合　17, 70
言語連想　iii, iv, 1, 5, 9, 13-15, 32, 70
　――検査　4, 34, 45
　――法（WAT）　4
現実の仮定法化　39, 42, 52, 86, 88, 90, 92, 96, 98
公開性の原理　12, 33, 34

構造言語学　41
構造的カップリング　13, 14, 24, 25, 30
構造的デカップリング　30
構造的ドリフト　29, 30
構造分析　12, 13, 25, 62
拘束理論　38
コーピング法　88
「心の理論」欠損仮説　51
語用論　35-38, 42, 92
　――的機能　36-38
　――的効果　38
コラボレーション　31
コラボレーティヴ・アプローチ　31, 32
コラボレーティヴ・プロセス　11
コンティンジェンシー　23, 30
コンプレックス指標　4

さ
CWA－R評定スケール　101, 102, 107, 109, 111
自我感情　16
自我関与　16, 104, 111
自我滲出性　16, 17, 77
自我防衛　84, 86, 89
　――機制　17, 77
自我連合　16, 70, 77
自己愛性人格　77
思考障害　18, 77
自己回帰性　33
自己回帰的リフレクション　21, 33, 98
自己言及性　22
自己準拠　30
自己中心性　77
システム療法　iii, 69
シニフィアン　41
シニフィエ　41
自閉症　5, 51

社会システム　22
重層的リフレクション　33
自由単一連想　7, 10, 73
自由連想　105
　——法　4, 5, 7, 34
情緒障害　17
情動的洞察　111
小児様人格　77
心情連合　28
心的システム　29, 30
心トレ連想ゲーム　iv
信頼性係数　110
制限連想法　5
精神分析　6, 34, 35, 38, 41, 105
摂食障害　5
ソーシャル・ストーリー　34, 35
相転移　81

た
体験過程　101, 102
　——（EXP）スケール　101, 103
対抗言語　39, 40
対象連合　15, 17
ダブル・コンティンジェンシー　23
単一連想　6
知的障害　5
知的洞察　111
直接連想　6, 11, 61, 62
直列連想　6
治療的会話　iv, 1, 7, 12, 21, 31, 33, 64, 65, 66, 69, 98
治療的質問　54
治療的連想　iv, 32, 69, 70
　——システム　7, 29, 31
沈黙　1, 10
デカップリング　11-13, 23, 24, 27, 29, 38, 50, 51, 62, 63, 81, 82, 85, 87, 97
　——相　27, 38
投影法　iii, 4, 34
統合失調症　5

ドミナント・ストーリー　34

な
内容分析　12, 13
ナチュラル・ドリフト　30
ナラティヴ　21
　——・アプローチ　21, 31, 101
二重拘束理論　35
二重システム　14, 15, 77
認知システム　14
認知障害　15, 77
認知連合　15, 17-19, 50, 70, 71, 75, 76, 101

は
発達障害　5, 34
非決定論的　30
非指示的療法　28
非定型精神病　5
フェルト・シフト　105
フェルトセンス　105
フォーカシング　101, 105
複数連想　6
分析心理学　34
分裂傾向　77
並列連想　6

ま
マスター・ストーリー　31, 34
未決のコンティンジェンシー　23
無知の姿勢　32, 54
メタ陳述　104, 105, 111
メタ認知過程　104
メタファー　39-42, 92, 96-98
物語的接近法　34

や
抑うつ傾向　70, 76, 77

ら
ライフレビュー　78

リフレクション　21, 28, 32, 33
リフレクティング・プロセス　33
リフレクティングする会話　iv, 7, 9, 11, 13, 15, 19, 25, 29, 31-33, 41, 43, 44, 45, 50, 51, 53, 63, 64, 70, 71, 81, 84, 86-88, 91, 92, 97, 101, 107
臨床言語論　35, 39
臨床語用論　35, 38, 92, 98
連合主義心理学　iii

連合法則　iii
連想システム　7, 10, 12, 22, 24, 28, 30, 31, 63
連想実験　iii, 14
連想テスト　14

わ

WAT　4-6, 10, 14, 21, 34, 76

人名索引

あ
足利 学　4
アンダーソン, H.　21, 31, 54
アンデルセン, T.　21, 33
池見 陽　101, 102
上田閑照　3
氏原 寛　4
小川捷之　4

か
神尾陽子　4
鴨 長明　1
川島隆太　iv
北山 修　35, 39, 40
グーリシャン, H.　7, 21, 54
久保田進也　102
倉石精一　4, 10, 14, 76
クライン, M.　101, 102
倉田正義　4
クリス, A. O.　7
ケント, G. H.　4
小林俊雄　4, 10, 14, 19, 76

さ
シェーファー, R.　35
ジェンドリン, E. T.　101, 102
シャピーロ, Th.　35
白石秀人　4
末岡一伯　4
ソシュール, F.　41

た
高浜虚子　3
チオンピ, L.　14, 15, 77
土居健郎　4, 80
十一元三　4
戸川行雄　4, 10, 14, 76

な
中島敦子　4, 76

は
長谷川啓三　iii, 35
バトラー, R. N.　78
バレーラ, F. J.　13, 24
バロン－コーエン, S.　51
ピカート, M.　2
平松清志　103
ブルーナー, J　39, 42, 51, 86, 87
フロイト, S.　3, 31
ベイトソン, G.　35, 37, 38

ま
松尾芭蕉　2
マトゥラーナ, H. R.　13, 14, 24
三宅麻希　103, 104, 106, 110, 112
妙木浩之　35, 38, 41
森鼻雅代　4

や
やまだようこ　42
ユング, C. G.　3, 4, 31
与謝蕪村　1

ら
ラカン, J.　35
ラパポート, D.　4
ロザノフ, A. J.　4
ロジャース, C. R.　12

わ
若島弘文　35, 41
ワクテル, P. L.　110
ワツラウィック, P.　35, 37

■著者紹介
十島雍蔵（としま　やすぞう）
志學館大学大学院教授。
1960年九州大学文学部哲学科心理学専攻卒業。1965年九州大学大学院博士課程文学研究科心理学専攻修了。文学博士・臨床心理士。専門はシステム療法，家族心理学・家族療法。主著に，『家族システム援助論』『心理サイバネティクス』（以上単著，ナカニシヤ出版），『童話・昔話におけるダブル・バインド』『発達障害の心理臨床』（以上共著，ナカニシヤ出版）など。

T式カップル言語連想法
治療的会話の継続と展開のツールとして

2010年6月20日　初版第1刷発行　　　定価はカヴァーに
　　　　　　　　　　　　　　　　　　　表示してあります

　　　　　　　　著　者　十　島　雍　蔵
　　　　　　　　発行者　中　西　健　夫

　　　　　発行所　株式会社　ナカニシヤ出版

〒606-8161　京都市左京区一乗寺木ノ本町15番地
　　　　　　　　　TEL（075）723-0111
　　　　　　　　　FAX（075）723-0095
　　　Website　http://www.nakanishiya.co.jp/
　　　E-mail　iihon-ippai@nakanishiya.co.jp
　　　　　　郵便振替　01030-0-13128

Ⓒ Y. Toshima 2010　　　装幀＝白沢　正／印刷・製本＝西濃印刷㈱
＊落丁本・乱丁本はお取り替え致します。
ISBN978-4-7795-0412-9　Printed in Japan